社長交代

事業承継の光と闇

佐藤明郎
SATO AKIO

幻冬舎MC

社長交代

事業承継の光と闇

はじめに

現在、日本の大きな課題となっているのが、事業承継問題です。帝国データバンクの調査によると、2021年に発生した後継者難倒産は466件となり、調査を開始した2013年以降で過去最多を更新しました。後継者難倒産とは後継者の不在や事業承継の失敗などが主な原因となり、事業の継続の見込みが立たなくなったことによって生じる倒産のことです。

このデータから分かるように、多くの中小企業では後継者探しと事業の引き継ぎが急務となっています。一方で日本商工会議所が2021年に発表した「事業承継と事業再編・統合の実態に関するアンケート」の調査結果によると、事業承継予定の企業の7割以上が親子間承継です。

したがっていかに親子間でうまく事業を引き継ぐかというのが、日本における事業承継の大きなポイントといえますが、これが一筋縄ではいきません。

承継をスムーズに行うためにも、承継後の企業経営を順調に進めるためにも、現社長と次期社長間の円滑なコミュニケーションは欠かせません。ところが二者間が親子の場合、何も言わなくても意思疎通ができると思い込んでいたり、逆に互いに言いたいことを言い過ぎてしまったりとミスコミュニケーションが起こりやすくなるのです。ほかにも会社の負債を含んだ相続問題や経営者親族への資産引き継ぎなど、親子承継だからこそ起こり得る数多くのトラブルが存在します。

私は2007年に負債総額7億円で父から会社を受け継ぎました。会社は建築資材の製造販売や総合建設を行う中小企業ですが、承継から14年後の2021年には東証 TOKYO PRO Market での上場を果たしました。

私の経営者人生はまさに波乱の幕開けでした。

負債だらけの会社を承継したあと、先細りしていた地元での総合建設業と鋼構造物工事業を再興させようと、私は日々奮闘していました。ところが翌年の春、なんの前触れもなく父と母は古株社員を数人引き抜き、既存の仕事を私から奪い同じ社名で会社を起こしたのです。

私とは仕事に対する考え方がかけ離れており幾度となく対立を繰り返していた父からの嫌がらせでした。父は私が困って泣きついてくると考えていたようですが、私は屈することなく不正競争防止法違反で両親を相手に訴訟を起こしました。泥沼の裁判の末、２０１１年に和解が成立。社名を取り戻し、業務妨害を止めることはできたものの、その代償として両親には高額の退職金を支払う結果となりました。もともとの負債に加え、この退職金の支払いにより会社の経営はさらに厳しくなりました。

このままジリ貧の事業を続けていても負債は増えていくだけだ……。

そこで私は起死回生の一手を打つことにしたのです。

主要事業であった地元総合建設業から鉄骨工事を中心とした鋼構造物工事業に軸足をおいた経営に舵を切ったのです。そして父のように地元にこだわらず、商圏を全国に拡げ東京進出を図りました。

この決断が功を奏し、首都圏での事業拡大に成功したことで、会社は完全に息を吹き返したのです。

その後、東京オリンピックを見据えた建設ラッシュやアベノミクスによる公共事業の増加などの追い風もあり、会社は右肩上がりで成長を遂げました。そして２０２１年には東証 TOKYO PRO Market への上場まで果たすことができたのです。

本書では、私が親子間の承継トラブルという苦難を乗り越え、先代の影響下から完全に抜け出すことで会社を成長へと導いた軌跡を描いていきます。

一度こじれれば泥沼化しやすい親子間承継ですが、後継者が事業本来のあるべき姿さえ見失わなければ、困難な経験も自らのバネとしてのちの経営に活かし、会社をより成長させるきっかけにできるはずです。暗闇を抜けた先にこそ、まばゆい光は存在します。

本書が、過去の私のように事業承継に悩みを抱える経営者や後継者たちのもとへと届き、少しでもその背中を押すことができたなら、それ以上の幸せはありません。

目次

はじめに——2

序章　岐路——故郷の親元からかかってきた突然の電話

一筋縄ではいかない事業承継——14
一昔前に生きる父の考え——15
悩んだ末に父へ渡した引導——19
実家からの突然の電話——22
幼い頃から恐れてきた、父という存在——25
なごり雪とともに終わった、青春時代——29

第1章

社長の椅子は、地獄への入り口
親との裁判で泥沼化した親子間事業承継

経営者の父、後継者の息子 ―― 34
バブル経済とともに発展した会社 ―― 37
父の決断、息子の不安 ―― 40
父との間に生じた亀裂 ―― 42
「シミュレーションなんていう横文字は使うんじゃない！」 ―― 44
明らかに変わっていた時代の潮目 ―― 46
投資が先か、営業が先か ―― 49
すれ違い続けた親と子 ―― 51
たった一度の人生を、親に捧げていいのか ―― 52
埋めることのできない世代間の溝 ―― 54
失意のなかで立ち上げた不動産会社 ―― 55

第2章

7400万円の債務超過で余儀なくされた工場の閉鎖
苦渋の決断の連続を迫られた会社再建への道

鉄骨の仕事が消え、工場閉鎖に追い込まれる――58
ISO9001の取得をテコにして進めた社内改革――60
重苦しい社内の雰囲気――63
会社の未来を憂え、社長交代を直訴――65
社長を交代しても、何も変わらぬ現実――69
施工不良によって生じた多額の損害賠償――73
足りない賠償金――76
会社の命運を賭し、公共工事獲得に突き進む――78
精神を病み、腑抜け状態になった日々――82
覚悟を決めて迫った父と母の退職――85
待っていたのは、実の親との裁判という泥沼――88

ついに始まった、親子間の裁判 —— 94
父たちの反論 —— 97
私の反論 —— 100
後味の悪い勝利 —— 103
思いがけぬ、裏切り —— 104
金の切れ目が、縁の切れ目 —— 108
絶望的な状況のなかで見えた希望 —— 110
15年先の、未来のために —— 112
人への投資——新たな風よ、吹け —— 114
震災、そして特定建設業許可失効の危機でさらなる窮地に —— 116

第3章

東京進出で見えてきた一縷の光
大手ホテルチェーンに食い込み、売上拡大へ

将来を見据え、鉄骨加工業にシフト —— 122

絶え間ない設備投資で、加工能力を向上　127
ついに食い込んだ、大手チェーンによる高層ホテル建設　131
上に伸びる仕事に商機あり　134
東京オリンピックが生んだ、インバウンド需要　137
事業の80%を首都圏に移行　140
悔しさをバネにして　143
試練は人を成長させる　145
攻めの設備投資で、未来が拓けた　147

第4章
会社は「継いで終わり」ではない――苦難の事業承継があったからこそたどり着いた現在地

頭に浮かんだ、夢物語　152
ISO9001取得時の経験が、財産となった　154
思いがけない吉報　157

10年前の自分を振り返り、10年後の未来を描く 162
世代間の価値観の違いを乗り越えて 169
早めに動き出し、当人同士で話し合う 171
社員のため、社会のための事業承継 173
後継者にも、会社とともに人生を歩む覚悟が必要 175
経営能力よりも大切なトップとしての思い 177
会社を継いだ先にこそ、無限の夢がある 179
エピローグ ～新たな物語の幕開けは、鐘の音とともに～ 182

おわりに 186

序章

岐路——故郷の親元からかかってきた突然の電話

一筋縄ではいかない事業承継

新潟県のなかでも豪雪地帯として知られる上越市は、冬になれば午前中は毎日、前夜に積もった雪かきが住民たちの仕事になります。

建設資材の販売と倉庫や物置の解体を手掛ける会社を起こし、その後は鉄骨加工業を主たる業務とする会社をつくった父は、もともと隣接する長野県の出身でしたが、厳しい雪国の冬をたくましく生き抜いてきた人でした。

父の後を継いで、私は２００７年に2代目の社長となりました。しかし実態は会長職にいる父親が依然としてトップに君臨し続け、会社は父が意のままにしている状態でした。私はいつまでも父が会社の経営をすることが良いとは思っていませんでした。単に目の上のたんこぶのように父が疎ましかったわけではありません。

その頃、会社はすでに瀕死の状況でした。いつまでも何も手を打たず、父の昔ながらのやり方を続けていれば会社がもたない、それが私の強い危機感としてあったのです。

発端はさかのぼること１９９３年、まだバブル崩壊の余波が残るなか、受注単価はこの年を境に数年で５分の１にまで落ちました。それ以降会社の売上は下がるばかりで、これまでのやり方を根本的に変える必要があったのは誰の目にも明らかでした。しかし一代で会社を築き上げた父は、そんな意見にはまったく耳を貸しません。会社の帳簿を見ていた私はどんぶり勘定の父の経営方針に不信感を募らせていきました。

そこへさらに追い打ちをかけるように起こったのが、２００８年のリーマンショックです。売上は最盛期の４割にまで落ち込みました。もはやなりふり構っている状況ではありませんでした。

昔前に生きる父の考え

誰も永遠に生きる存在ではない以上、最後の日は必ずやって来るわけで、その日までに引き継ぐべきものは引き継ぎ、円滑に事業を承継して、私は社員や協力会社に迷惑を掛けないようにしたかったのです。しかし退職日を示すように求める私に対する両親の受け取り方はまったく違いました。両親というのは、母親も会社で父親の仕事を手伝っていたからです。

いくら私が意図を説明しても取り付く島もなく、まったく受け付けようとしないのです。そして、ことあるごとに自分たちを辞めさせようとしているとか、会社から追い出そうとしていると激しく私を非難するようになりました。

一方で父は社長を退いて会長職となっているのにもかかわらず、私の選択や決断を批判しては、自らの意見を押し付けようとしてきました。

ある日東京の営業先から私が会社へ戻ると、父とともに業界大手の某鉄工会社の社長が私を待ち構えて座っていました。父はこれまでその会社の仕事をいくつかやってきていて、それなりの恩義があった相手だったのだろうと想像しています。

私が席につくと父は強い口調で、最近また東京で鉄骨の仕事をやり始めているだろう、お前はこの人の了解を得たうえで動いているのか、営業に行く許可をもらったかと言い、隣にいる社長も不機嫌そうな顔で私をにらんでいます。

私はなにを言われているのかまったく分からず理解に苦しみました。私の会社は独立した一つの法人で、某鉄工会社のグループ企業でも子会社でもなく、もちろん資本関係もありません。その一社だけから仕事をもらう、専属の下請け会社として歩んできたなら、あるいはほかの仕事を受ける際には仁義を切る必要があるかもしれませんが、その会社から受注している仕事は売上の数パーセントにも満たず、専属下請けとは程遠い関係でした。私は、なぜ自分が東京に営業に行くのに、この人の許可がいるのかとストレートに父に聞いても、まともな答えなど返ってきませんでした。

ただ、礼儀がなっていない、恩を仇で返すなど言語道断だ、社長にするのは時期尚早だった、というような非難の言葉ばかりが父の口から溢れてくるだけでした。

なにより私が情けなかったのが、会社を率いる会長の立場にある父がその鉄工会社の下請けのような感覚でいることでした。私は父に向かってつい、いったいあなたはどこの会社の代表なんですか、と思わず声を荒らげて言い返してしまいました。

今、私たちの会社がどんな苦境にあるのか、どれほど危機的な状況かが理解できていたなら、そもそもこんな恥ずかしいやり取りをしている暇などないはずです。今の時代、ただ東京に営業に行くだけで、いちいち有力者の顔を立てて回るようなやり方を社長がしていたらあっという間に倒産します——のど元まで出かかったそのあとの言葉をようやく呑み込むのが精いっぱいでした。

そんな現実をまるで認めようとせず、父は相変わらず過去の世界を生き、過去の基準に従って行動しているのです。結果として会社にとってネガティブに働くケースがよくあり、父の尻ぬぐいをして回るのは決まって私でした。

私はほとんど10年もの間、何十回も父に向かって、これまでと同じではもはや生き残れない、時代は変わった、現実を受け入れてほしいと繰り返し訴え続けてきました。

私が社長に就任してからも、父に対して約束が守られていないと何度も訴え、そろそろ引き際を考えてほしいと伝えて退職を促してきました。

立つ鳥跡を濁さずとか、去り際はきれいに、晩節を汚さず、と言い続けてなんとか父の琴線に触れようとしたのですが、父の心に響いた様子はなく、一向に退職を申し出てくる気配はありませんでした。

悩んだ末に父へ渡した引導

２０１０年の年頭、仕方なく私から改めて父に切り出し、半ば無理やり期限を設け、退職の条件について話しました。

今の会社の状況ではとても満足に退職金が出せないかもしれないと私が言っても、父は会社の財務状況を分かっているのか、いないのか、そのことはまったく意に介しませんでした。

父は太平洋戦争直前の長野県の寒村に生まれました。他者を慮る余裕などない厳しい環境で育った父が大変な苦労をして創業し、30年以上心血を注ぎ続けてきた会社です。生き残るために、とにかく突っ走ることが戦後の高度経済成長期の正解だったのです。そしてすべての責任を一人で背負い込む代わりに、思うがままに会社を経営してきた父にとっては、たとえ息子であっても大事な会社を引き渡して自分が退くということが、どうしても納得できないようでした。

それで仮に会社が潰れてしまっても父からすれば仕方がなかったのだと思います。しかし会社設立から30年以上経ったこの当時はすでに状況が違っていました。少ないながらもこの会社についてきてくれる従業員がいて、私も父には及ばずとも会社にすべてを注いできたつもりでした。もはや倒れるときは自分一人という状況ではなかったのです。支えてくれる社員たちや協力会社、取引先があって初めて、会社は成り立っていました。

会社経営や経済というのは自然界の生態系に似ています。生存競争はあっても、ある種が消滅してしまうと生態系が崩れてしまうように、会社が潰れてしまうとあらゆるところに大きな影響が出ます。私は父と一緒に心中という形になるわけにはいかない、そのためにはどうしても父の古い仕事のやり方を変える必要があると思っていました。

恐らく父もいずれそんな日が来ることを予見していたのかもしれません。ただ当時の父に言わせれば、そのときはまだ先だということだったようです。私も時間があるならばそれでも良かったのです。しかし当時の財務状況を見れば、もはや一刻の猶予もないのは明らかでした。

そうして何度かの交渉の末、その後、紆余曲折を経て両親は会社からようやく退くことになりました。しかしそれで会社の事業承継のすべては終わりませんでした。会社を去った父と母が、私の引き継いだ会社とまったく同じ社名の会社を設立するという思いもしなかった事態に発展したのです。

私は、父を相手に「不正競争防止法違反」で民事訴訟を起こしました。最低限、名称を変えさせなければならないと思ったからです。要求された退職慰労金等、欲しいといったものは1円も値切らずにすべて渡しました。ただ「サトウ産業」という同名の会社を立ち上げ、今までの顧客に営業を掛けるという、超えてはならない一線を越えてしまったと思ったのです。私は、親子の関係ではなく、私が引き継いだサトウ産業の社長として戦う道を選んだのです。

当時はどうしてこんなことになってしまったのか、何をやっているんだろうととても悩み、苦しみました。家業を継ぐというのは、単なるビジネス、仕事ということで割り切れない側面があるものです。私自身の人生を振り返れば、大学を卒業し、父の会社に入社した時から両親との間で苦闘をずっと続けてきたのだと思います。

実家からの突然の電話

かぁん、かぁん、かぁん……。

早稲田大学のシンボルの大隈記念講堂最上部で時を告げる鐘が鳴り渡ったかと思い、私は妙な胸騒ぎを覚えました。

学生として早稲田キャンパスで3年以上聞き続けてきて一度も意識したことのない鐘の音が、そのときに限ってやけにはっきりと聞こえたように感じたのは、今思えばある種の予兆だったのかと思います。

1987年の冬、私は就職活動に明け暮れていました。そんなある日、大学近くの行きつけの喫茶店でコーヒーを飲みながら、これからの進路について思いにふけっていました。

もともと政治家を志して早稲田大学へと入ったものの、議員にはマスコミ出身者が多いことから大手新聞社などの採用試験をいくつか受けましたが、なかなか良い結果が出ませんでした。

一方で、ものは試しといった感覚で受けた住宅や建材を扱う大手メーカーからは内定が出ていました。仕事内容は住宅営業で、政治の世界とはおよそ遠いものです。マスコミにこだわり続け就職留年するか、一刻も早く社会に出て経験を積むか、私は人生の岐路に立ちながら進路を決めかねていたのです。

「これだ」という明確な答えが見つけられないままいたずらに時が過ぎ、仕方なくそろそろアパートへ帰ろうかと考えはじめました。すると、いつもは意識していない大隈記念講堂の鐘の音が聞こえたように感じたのです。虫の知らせというか、特に予定があったわけではないのですが、なんとなく急いで家に帰ったほうがよさそうな気がした私は慌てて席を立ちました。

やや早足で大学からほど近い目白台のアパートにたどり着き、自分の部屋に入るとすぐに電話が鳴りました。かけてくるのは大概友人でしたから普段は軽い気持ちで対応するのですが、この日は嫌な予感がしていたので恐る恐る受話器を上げると、予想したとおりもしもし、と母の声が聞こえてきました。久しぶりに聞く母の声はどこか沈んでいるような気がしました。

きっとよほどのことがあったのだろうと思って私がどうしたの、と問うと、母は一瞬、間をおいてから小さな声で父の容体があまりよくない、というのです。

それがどの程度悪いのか分かりませんでしたが、わざわざ電話をかけてくるのだから、もしかしたらかなり悪いのではないかと、私は不安になりました。

意を決して母に病状を聞くと、医師の診断もはっきりとは告げられてはいないものの、最悪の場合はペースメーカーをつけるような話も出ているとのことでした。仕事の関係で酒量が多く、父に糖尿病の傾向があることは知っていましたが、それが悪化したというのです。

母は一通り話し終えるとすっかり黙り込んでしまいました。互いに沈黙し、受話器越しに重い空気が続くなかで、あることに気づいた私は次第に絶望的な気持ちが込み上げてきました。父のもとへ、実家へ戻ってこいというのか……と、母からの電話の意味を悟ったのです。

幼い頃から恐れてきた、父という存在

父は私にとって、長らく恐怖の対象でした。

いつも厳格で、しつけも徹底し、少しでも悪さをすれば口より先に手が飛んできました。殴られると私はトイレに逃げ込み、誰にも見られぬよう一人で泣いていたことを今でも鮮明に覚えています。

家庭内は夫婦げんかが絶えず、時に母が殴られるのを、私はびくびくしながら見ていました。いつの頃からか、私は父のことを、あの人と呼ぶようになっていました。母がそんな呼び方はいけないとたしなめてもどうしても直りませんでした。いつしか父の存在はトラウマのようになってしまい、夢にまで出てくるようになっていたのです。

私はひたすら息を潜め、父の目に留まらぬように暮らし、一刻も早く家を出ることだけ

を願っていました。なぜ父が厳しい態度で私に接したか、私にはある程度理解はできました。

長野県の山中にある、あまり豊かとはいえない村の出身であった父は小さな頃から、厳しい自然環境のなかで育ちました。冬は雪で閉ざされ、食べ物にも事欠く日々が続き、卵すらぜいたく品であったといいます。

過酷な環境に身をおいてきた父はバイタリティに溢れているようにも見えました。どなったり、手を上げたりというしつけも、父からすれば所詮、生命の危機とはほど遠いものので、きっとたいしたことはないという感覚だったのだと思います。

私は幼い頃、何度か父の実家に行ったことがあります。玄関の土間には牛がつながれ、養蚕農家でもあったので寝泊まりする部屋は夜になるとごそごそと蚕が繭の中でうごめく音が聞こえてよく眠れませんでした。家の中と外の境界線が分からず、こぎれいに整ったわが家とのあまりの違いに驚いたものです。

父は工業高校を卒業後、大手化学メーカーに入社しその後独立することを意識して、系列の会社で建築関係の仕事に2年ほど従事しました。1974年10月、36歳のときに会社を創業しています。自宅の2階を事務所とし、社員は父と母を含め3人というささやかな船出でした。

当時の会社は、主に建設資材の販売と倉庫や物置の解体を手掛けていました。私も幼い頃商用車に乗せられ、富山県まで浄化槽の購入に一緒に出掛けた記憶があります。

解体する建物や構造物のフレームは鉄骨製で、仕事を通じて父は鉄骨構造について知識を深めていきました。そうして鉄骨製の車庫や物置を作り出したというのが、現在、会社の事業の柱である鉄骨加工業のルーツとなっています。

しかし父が独立した頃はちょうどオイルショックによる急激なインフレの影響で景気が悪化し、ほとんど仕事がなかったようです。

当時10歳だった私も、経営がうまくいっていないことは理解していました。夜になるとふすまの向こうから、父と母のお金が回らない、どうすれば仕事がくるかと深刻そうな会話が聞こえていたからです。布団をかぶっても明日の資金操りを心配する重く沈んだ二人の声が聞こえてくると、子供心に今のまま暮らせなくなるのではないかと、不安になって眠れなくなったものでした。

しかし1980年代に入ると状況が一変し、新潟県の上越に大手電子メーカーが続々と半導体工場を開設しました。父は倉庫や物置の建設からより大きな工場などの総合建設業に業態を変え半導体工場の建設ラッシュに乗じて事業を拡大していったのです。

生活できるのかという不安はなくなりましたが、父も母も朝から晩まで働き詰めです。私は思春期にそんな両親の背中を見ながら育ったため、父のように経営者になりたいなどとはまったく思いませんでした。経営者という仕事は常に苦労が絶えない印象しかなく、後を継ぐなど想像もしていませんでした。

高校生になっても、私にとって父は相変わらず恐ろしい存在でした。そのため大学進学後、東京で一人暮らしを始めたときには長く抑圧されていた心が解き放たれて、ようやく自分の人生を歩み出せた気がしました。それがまさかたった4年、つかの間の幻想だとは思いもしませんでした。

なごり雪とともに終わった、青春時代

電話口で母は最後まで、私に帰ってこいとまでは言いませんでした。戻ってきてはほしいけれど、結局は息子の父に対する思い次第だと考えたのかとも思います。

もし就職を諦めて実家に帰るなら、家業を継ぐ選択をするということになります。きっと母もそのつもりで電話をかけてきたのだと思います。目の前に就職という新たな未来が広がっているのに背を向け、せっかく手に入れた自由を手放して再び恐ろしい父のもとに戻ることに、私は前向きな気持ちにはなれませんでした。

一方で、普段は電話などしてこない母親からの電話に、私は動揺していました。頭のなかに大きな不安と心配がよぎり、これまで育ててもらった親の容体がよくないのに、自分はなにもせず東京に残っていていいのかという気持ちもありました。確かに畏怖すべき存在で、関係性がいいとはとてもいえないとはいっても、私にとって父は世界でたった一人であることに変わりはありません。

私は悩み過ぎたせいで胃潰瘍になりました。

4日後、私は自室の翠《みどり》色の電話の前に正座をしていました。意を決してプッシュボタンを押すとコール音が静かに数回鳴り、そのあと母が電話に出ました。私は電話をとった母に対し、帰ることにするわ、と短く告げました。

故郷で病に苦しむ親を顧みず、自分の人生を歩むことに、私はどこか罪悪感のようなものを感じていました。経営者という仕事に興味はないし、父のもとに戻るのも嫌でしたが、人間として誤った行為はしたくない――それが、当時大学生だった私が出した結論でした。

それから1週間も経たないうちに私は自室を引き払い、故郷の新潟行きの電車の切符をとりました。当時はまだ東北新幹線が東京駅まで開通しておらず、実家の最寄りである直江津駅に帰るには上野駅から特急あさまに乗る必要がありました。

3月26日。春はすぐそこまで迫っていましたが、上野駅のホームには曇り空から白い粒が落ち、あたりはうっすらと白く変わっていました。季節外れの雪と、時折吹く風が肌を刺し、故郷の新潟の冬に比べればどうということもないはずが、そのときはやけに冷たく感じました。

「東京で見る雪はこれが最後ね」と　さみしそうに　君がつぶやく
なごり雪も　降る時を知り　ふざけすぎた季節のあとで……

上野駅には、大学の仲間たちがわざわざ見送りに来てくれました。1970年代のフォークソングの名曲『なごり雪』のフレーズを思い浮かべ、私は、後ろ髪を引かれるような思いを感じながら、電車に乗ったのを覚えています。

自らが下した決断がどのような未来につながっているかなどまったく想像できず、不安定にガタガタと揺れる電車の中で私は、ただ青春を手放してしまうような寂しさをかみしめていました。

第1章

社長の椅子は、地獄への入り口
親との裁判で泥沼化した親子間事業承継

経営者の父、後継者の息子

実家に帰宅すると、父の病状は思ったよりも安定していることが分かりました。ペースメーカーをつけることもなく、普段どおり日常生活を営むことができる状態に快復していたのです。

その後は大きな後遺症もなかったようで、すでに会社にも出勤して、以前のように社長として腕をふるっていました。母の電話が果たしてどこまで事実だったのかと疑ってしまうほど、これまでと変わらずまるで何事もなかったかのようにエネルギッシュな父に戻っていたのです。

結局、私はそのまま１９８８年に父の会社に入社し、社長である父のもとで働き始めることになりました。

当時は創立15年目に入り、売上は10億円程度の規模でした。

その頃の主な仕事は倉庫や物置の建設で、建築も土木もまったく学んでこなかった私には右も左も分かりません。社内で仕事のやり方を解説し指導してくれるような人もおらず、私は毎日、1トントラックに乗って、物置や車庫といった小さい現場を中心に足を運び、協力業者の職人たちに、道具の名前や使い方から教わっていきました。

少し理解が進んでくると、自分で丁張を掛けたり、鉄筋を組んだり、基礎の根掘りや足場を組んだりと、職人の手伝い程度のことでしたが、なんでもやってみました。当時世間はバブル経済の好景気の盛りで、会社としても忙しい時期であり、常に10以上の物件を回していましたから、学びの場には事欠きませんでした。

日中は現場を飛び回っていたのに加え、夜は営業活動にも取り組み、目まぐるしい日々を送っていました。新たな知識や技術を身につけていくのは楽しく、私は仕事にのめり込んでいきました。

唯一、気持ちが重かったのが、父の運転手を務めなければならないときでした。そのときはいつもの1トントラックではなく、セダンに乗らなければなりませんでした。

この頃は、父のふるさとで人脈がある長野県での仕事が多く、私は父を乗せてしょっちゅう長野県までの道を運転していました。その際はいつも緊張し、心臓の鼓動が速くなりました。当時はカーナビなどない時代で、道を間違えようものなら父から厳しい怒声が飛ぶため、常に脂汗を浮かべながら運転していたのです。

今思えば、父としては後継ぎである私に対し、経営について学ばせるために同行を命じていたのだと思います。

父には営業の才がありましたし、誰にでも如才なく接し、にこにこと笑顔を浮かべ、相手の気持ちにすっと入っていくのが得意でした。父の営業術を学べたのに加えて、交渉事で父がどのような言動をとり、相手がどう反応するかなどを実際に見ることができたのは、のちに経営者となったときに役立ちました。

経営の道にはマニュアルがありません。最適解は、会社の数だけ存在していると私は思います。後を継ぐ者としては、経営者である先代がどう考えて行動してきたかが唯一といってもいい道標で、マニュアルに落とし込めるようなものでもありません。経験から導かれる決断の仕方や、ここぞというときの交渉術などは、やはり実際に見て、肌で感じながら身につけていくしかありません。社会人としての経験すらほとんどなかった当時の私にはつらく、しんどい時間でした。

父とともに過ごす時間は、親子というよりも経営者と後継者という色合いの濃いものでした。私は父の顔色をうかがいながら生きてきましたから、プライベートな親子の会話などいっそうなくなっていたように思います。

バブル経済とともに発展した会社

父とうまくいくはずがないと分かったうえで、それでも放っておけないと帰京したのですから、私にはいずれは後継者とならねばいけないのだ、というある程度の覚悟はできていました。

エネルギッシュな父と歩調を合わせるように、会社も好景気に乗じて事業規模を拡大し、増え続ける仕事量に対応すべく１９８９年には本社工場を新築しています。

建設はそれまで同様に倉庫などだけではなく、１９９１年に7年後の長野オリンピックの開催が決まったこともあり、ホテルや旅館なども多く手掛けるようになりました。その結果、私の会社も多少なりともバブルのおこぼれにあずかることができました。

しかし、バブル経済といわれた好景気時代の熱狂は、今になって振り返ればやはり異常だったといわざるを得ません。不動産はとにかく値上がりし続けるから建てれば儲かるといった風潮が蔓延していて、誰もリスクなど考えないでたらめな時代でした。

その頃、私は会社での仕事を通じて、建設だけではなく土地開発から施主に関わっていくことの必要性を感じていました。デベロッパーから建設だけを請け負うのではなく、地主と直接話してその土地に最適な建設を提案していければ、より施主の希望に沿った仕事ができると考えたのです。

しかしこの考えは父には分かってもらえず、提案しても却下されるだけでした。そのため私は自分の理想を体現したいと考え、宅地建物取引士の資格を取り、別の会社を設立して不動産業を始める準備をしていました。

また、土地開発では田畑を宅地にして売る際の許可申請や、契約書の作成代理ができることなども必要になります。そこで、私はさらに行政書士の資格も取得しました。自分が行政書士として依頼主の土地開発からサポートできたなら、きっと仕事の助けにもなるだろうと考えたのです。

実際の土地の売買では人々の人生模様が絡みます。相続、離婚、死別といった人生の転機に際し、行政書士として相談を受けているのに、それが次第に人生相談となって、無事に問題が解決したときには互いに信頼しあう関係ができているようなことがよくありました。もともと土地開発の許可申請のために取った行政書士の資格で培った人脈から、住宅などの建設の仕事も生まれるようになり、私はいよいよ仕事が楽しくて仕方なくなっていたのです。後継者としての未来にもまだまだ希望を抱き、積極的に行動していた時代でした。

そして、この時期に会社は東京進出を果たしています。仕事のルートは大きく２つあり、地元の鋼材問屋経由で東京の物件の話が来たのに加え、私個人のつながりからも少しずつ仕事が来るようになったのです。

父の決断、息子の不安

私個人のつながりから仕事が来るようになったきっかけは、大学の同級生が大手ゼネコンに就職し本社の設計部にいたことでした。

その同級生とは地方出身者の集まりの全国早稲田学生会連盟の仲間であり、深い絆がありました。つてを頼ってゼネコン本社に行くと、彼とともに同じく同門の先輩である建築部長が出てきてくれました。その場ですぐあちこちに電話をかけ、仕事を紹介してくれたのです。同門の絆の強さには改めて感謝した次第です。

バブル絶頂期にあり、当時は多くの会社がファブリケーターを求めていました。ファブリケーターとは、「組み立てる人、加工業者」といった意味の言葉で、建設業界では工場で鋼材の加工・組立などを専門的に担う鉄骨加工業者を指します。私たちの会社の鉄骨事業が一つの柱となり、ファブリケーターとして成長できたのはこの大手ゼネコンとの出会いが大きかったのです。

この頃、私は取締役に昇進したものの、相変わらず自分で現場を回りながら、地元のほか東京でも営業を行っていました。

私の営業の成果はあがり、ファブリケーターの仕事をいくつも受注しました。しかも受注金額は小さな倉庫建設などとは比べ物にならないほど大きな額の案件でした。

しかし、そうして力をつけ、営業するうえでの私の社内での影響力が増したことで、経営者である父との関係性が崩れていったのは予想外でした。

父は地元の案件と既存顧客を中心に担当していたのですが、地方では東京の大手ゼネコンのようになかなか大きな案件が出てきませんでした。以前のような地元の小さな建設案件は次第に少なくなり、父にとっては得体の知れない東京の会社から依頼される仕事が大半を占めることが心配だったのでしょう。地方は地方の関係性のなかで回っている部分もあったのかもしれません。私も仕事が取れだしたことに自信をつけ、父に対して生意気な態度を取っていたところもあったのだと思います。次第に父は、私のやることなすことすべてに対し、反対するようになっていきました。

それでも仕事が順調に取れているうちはさほど大きな仲たがいはありませんでした。

しかしほどなくして、とにかく作れば儲かるといった、大きく実態とかけ離れたバブル経済は、その名のとおり儚《はかな》く弾けてしまったのでした。

父との間に生じた亀裂

今思えば、確かに予兆はあったのです。1989年には、高騰する地価を抑制すべく、政府は総量規制や公定歩合の段階的な引き上げ、地価税の導入などの政策を実施していきました。

同年の12月29日に日経平均が史上最高値を更新した後、翌年から株価は下落していきました。それに引きずられるように地価も下落していきました。

日本ではそれまで、地価は決して下がることはないという土地神話のもと、土地が買い続けられていましたが、1991年になると地価が下降に転じ、翌年には一気に下落して神話は崩壊したのです。

それでも人々はまだ狂乱の宴のなかにいました。すでに地価の下落が始まっていた1991年5月、バブルの象徴とも言われたジュリアナ東京が東京芝浦にオープンしたのでした。

このようにバブルが崩壊した後もまだしばらくは好景気の余韻が残っていましたが、私はバブル崩壊の影響をそのとき肌で感じていました。それまで量を制限するほど舞い込んでいた東京での仕事が、ぱったりと途絶えてしまったのです。

父から思いもよらない発表があったのは、好景気が終わりまさにバブル崩壊が始まったそんな矢先のことでした。

会議室にそろった取締役たちを前に、父はすでに決まったことのように、新潟の本社の近くにある安塚というところに新工場を建てるぞと宣言して、工場建設計画について話しだしたのです。

そのとき、私も会議に参加していました。東京の仕事は潮が引くように消えてしまったことを実感していた私は、地方にもすぐに不景気の大波がやってくるに違いないと感じていました。この段階で新工場の設立という大きな投資をするのは、どう考えてもリスクが高いと思えました。

なぜこの段階で投資が必要なのかという点について、父から明確な説明はありません。私は納得できずに反対を表明しました。

創業者である父が発案し、推し進めようとする事業計画に対して表立って反対できるのは、息子である私しかいません。父と息子の関係だけであったなら、父と正面からぶつかるなど考えられなかったことです。しかし当時、私も取締役という立場上、父の無謀な計画について黙っているわけにはいかなかったのです。

この一件が結果として、父との溝を深めていくことになります。

「シミュレーションなんていう横文字は使うんじゃない！」

会議のあと、私は安塚工場の新設についてすぐに父と二人で話しました。

最初、父はなかなか多くを語りませんでしたが、私がしつこく食い下がると少しずつ考えを話しだしました。

発端となったのは建設資材のリースをしている会社からの相談でした。建築基礎の土留め製品を作ってくれないかという話を受け、父は工場の新設と加工機械の購入を検討し始めたのです。簡単な仕事でした。H形鋼（Hの字のような断面をもつ形鋼）を切断して、無数の穴を開けるだけで製品になるのです。

それで目を付けたのが新潟県南西部に位置する安塚町（現・上越市安塚区）でした。安塚ではその頃からすでに過疎化が始まっており、中学校の移転によって広い空き地がありました。工場の候補地を探していた父と、空き地をなんとか新たに活用したかった安塚町の思惑が一致し、固定資産税３年間免除といった破格の条件によって土地が手に入ることになったといいます。

その頃の鉄骨事業の利益率は高く、１億円の仕事で６千万円の利益が出るような話も珍しくありませんでした。そのあたりを加味し、父なりの根拠に基づいての安塚工場の新設計画だったのだと思います。

ただ、工場の新設だけでなく鉄骨を加工する大型機械の購入という大きな投資は、リース会社に納める分の土留めを作るだけではとても回収できないように私には思えました。一つの商材をできる限り長く使い回すリースという形態を考えれば、相手がよほどのペースで事業を拡大していかない限り、継続的な新規受注も見込めないからです。

父がそうした将来的な見通しをどのように考えているのか、なかなかはっきりしなかったため、私は、投資に見合う仕事量が取れるかどうか、一度しっかりとシミュレーションしてみてはどうだろうと父に提案したのです。

すると父は烈火のごとく怒り、お前になにが分かるんだ、シミュレーションなんていう横文字は使うんじゃない！　そう言ったのです。

明らかに変わっていた時代の潮目

結局、私の反対意見や提案は聞き入れられませんでした。

父は計画を推し進め、１９９２年11月に工場は完成しました。

新設後、リース会社からは毎月、一定量の仕事が入ってきて、工場はしっかりと稼働していました。しかし半年後には、リース会社からの依頼がぱったりと途絶えました。リース用の商材なのですから、一定数作ったらあとは使い回すだけになって発注が止まるのは当然です。Ｈ鋼はシンプルで壊れるようなものでもないため、メンテナンスもいらず、相手が新たに事業を拡大しない限り追加発注は見込めません。

事前に相手の需要をリサーチし、利益予想と工場の投資額とのバランスをシミュレーションしていたなら、すぐに立ちゆかなくなるというのが分かったはずでした。父の読みはリース会社がどんどん事業を全国に広げていき、私たちの会社も便乗して波に乗るつもりだったのだと思います。しかし父の目論見は大きく外れ、わずか半年で、工場の稼働がほぼ止まってしまう、厳しい結果となったのです。

リース会社以外に商品を卸す先のあてはありませんでした。まともに需要予測やシミュレーションをせず、会社の命運を左右するような大規模な投資を決断した父の感覚は、私にはおよそ信じられないものでした。

確かにバブル期のような好景気のときなら、経営者の勘に頼った投資でどんぶり勘定でもそれなりにうまくいったのだと思います。即断即決で動き、積極的に拡大していく企業のほうがあるいは成功しやすかったはずです。

しかしこのときはすでに世の中は明らかに不景気になっていました。高度経済成長からバブル期までの成功体験がまったく通用しない世の中がすでに始まっていたのです。東京でも営業活動をしていた私は急激な景気の冷え込みを肌で感じたからこそ父に慎重さを求めようとしたのです。

しかし、自らの手で会社を作り育ててきた父にとっては、過去の成功体験こそが人生であり、そう簡単に方向転換できるものではなかったのです。

結局、この安塚工場の新設と失敗は父と私の間にもはや埋められないほどの決定的な亀裂を作ることになりました。

投資が先か、営業が先か

なにより私の心を凍らせたのは、父の態度でした。

リース会社からの受注がなくなり、稼働が止まった安塚工場をなんとかしようと、私は土留めを作る工場から、建設鉄骨の切断や穴あけ、梁を作る工場へとリニューアルし、加工メニューを増やしました。そのうえで、私は必死に東京を中心に新規の営業をかけ続け、なんとか鉄骨の仕事を引っ張ってきました。

バブル崩壊で市場は冷え切り、大手ゼネコンをはじめとした取引先からの依頼が途絶えて久しい状況では、小さな現場で生まれる細かな需要を拾い集めていくしかありませんでした。小規模な小売店の建設といった、鉄骨事業としてはさして利益のない仕事にも手を伸ばし、とにかく工場を動かそうとしましたが、それでも１００％の稼働にはほど遠いものがありました。私は日々、必死になって安塚工場の稼働率を上げようと、方々へ走り回っていました。

しかしある時、父は私に「いいか、お前が東京の案件をいくらとっても仕事が回っているのは、安塚工場があるからだぞ」と言ったことがありました。

この言葉に私は驚き、次第に怒りが湧いてきました。そして、父に向かって、「こんなにしんどい思いをして仕事を増やさなきゃいけないのはいったい誰のせいだと思っているのだ」と、思わず怒鳴ってしまいました。

製造業で設備投資と仕事の受注は、いわゆるニワトリが先か卵が先かといった関係にあり、どちらを先にやるかは経営者の考え方次第だと思います。

ただし、安塚工場に限っていえば、半年で設備投資に見合った仕事が取れなくなっており、穴を埋めるために私は景気が急速に冷え込むなかで、それまでなら必要のなかった新たな仕事の獲得に走り回り苦労を重ねていたわけです。

すれ違い続けた親と子

もちろん、すべては会社の未来のために一所懸命にやってきたことです。ただ、私は父に自らの努力が父のつくった会社に貢献していることは、評価してもらいたかったのです。しかし現実は甘くはありませんでした。

私は父の心が分からず、この先もずっと私が何を言っても聞き入れず、どれほど仕事をしても私を認めることなどないのだと考えると、全身から力が抜けていくようでした。

とはいえ、どんなに父との関係が悪化しても、私をこの世に生んでくれた親であることに変わりはなく、会社を継ぐと決めたのも自分です。今さら、やはり父とは働けないので会社を辞めるなどとはとても言えませんでした。

私はこの頃から自らの人生に絶望感を抱くようになっていきました。

そして父と私の間では怒鳴り合いが増え、社員たちの前でも構わず、容赦ない言葉をぶつけ合うようになっていきました。

たった一度の人生を、親に捧げていいのか

それでも私は会社存続のために東京での営業活動に奮闘しました。しかし、状況は悪くなっていく一方でした。

東京の仕事は主に建築鉄骨の加工で、バブルの頃には鋼材の購入、加工、運搬まで担えば1トンあたり40万円の値が付いたのに比べ、バブル崩壊から数年経った1995年には同じ工程を踏んでも1トンあたり8万円ほどまで下落しました。私は経費削減などの企業努力を重ねましたが、到底それで吸収できるレベルの落差ではありませんでした。

それでも工場を遊ばせておくよりはましと、わずかな利益でも仕事を受けざるを得ず、その利益率の低さをたびたび父から指摘されました。この頃、会社の経営がなんとか踏みとどまっていたのは、地元の住宅をはじめとした総合建設業の仕事が多少あったからでした。

厳しい経営環境が続くなかで、父の私に対する風当たりはどんどん厳しくなるばかりで

した。

ある日、新たな東京の案件を引き受ける下準備として、私が銀行に融資の相談に行ったことがありました。すると父は、なんで黙って銀行とそんな話をしているんだ、勝手なことをするな、と強く叱責しました。

また、あるときは利益率は低いものの仕事が広がりそうなスーパーマーケット建設にあえて食い込んでいったことがありました。しかし父は、いつまでそんな儲からない仕事をやっているんだと私のことを怒鳴りました。父だけではなく、取締役であった母も、社長が取ってくる仕事があるからこそ、うちはやっていけるのを忘れないでね、と釘を刺してきました。

私が父の意に反した言動をするたび、母もまた冷たく怒り、なんとか自分たちに従わせようと圧力をかけてくるのでした。

事あるごとに両親から責められ、私はかなりのストレスを抱えるようになっていきました。

埋めることのできない世代間の溝

利益率という点でいえば地元の仕事もさほどいいわけではありません。総合建設業界では後発であり、突出した技術力があるわけでもない私たちの会社が市場に食い込んでいくには、まず価格を下げるしかありませんでした。当時は、品質よりも、早い、安いということを売りにして仕事をとっていました。

父が経営者である間は事業ごとの売上や利益率といった細かい数字までは見せてもらえませんでしたが、仕事はあっても年度末のひと月前にならねば黒字が出ないような状況が続いており、私はなんでこんなに利益が少ないのかといつも疑問に思っていました。

もちろん私も、批判のすべてを受け入れ、ただ粛々と父に従っていたわけではありません。取締役となった時点で、私にも会社や従業員たちを守る責任がありますから、すべてをただ黙って聞いているわけにはいきません。納得できない話ならとことん反論しました。

私が両親との関係に悩んだとき相談したある人は、あの年代の人は自分たちの生き方は変えられないし、成功してきた分だけ自信があり、すべては自分中心で、新しいことを覚える気もなければ、合わせることもできないと指摘していました。

結局のところ父との争いも親子げんかというよりも、世代間に横たわる価値観の深く大きな溝が原因の戦いでした。目的は同じはずなのに、正しいと信じる道が違うとこれほど大きな衝突が起きるのだと、私は身をもって知りました。

その後１９９８年には、東京での鉄骨加工の仕事は単価が落ち、受ければほぼ赤字が確定するようなものばかりとなりました。私たちは東京からの撤退を余儀なくされ、以降しばらくは地元の総合建設業を中心に事業を展開していくことになりました。

失意のなかで立ち上げた不動産会社

こうした状況のなかで、現状を打破しようと私がまず手掛けたのは不動産会社の設立でした。

私は以前から建設だけでなく不動産開発を一体的に行っていく事業を模索していました。すでに宅地建物取引士の免許を取得しており、父の会社で働きながらいくつか不動産を扱ったこともありましたが、父には煙たがられていました。時に活動を妨げられて、なかなか思うように展開できずにきていたのをなんとか形にできないかと考えていました。しかし、父の会社で自分の考えを実現することは難しかったので、別会社を立ち上げることにしたのです。

私が行政書士と宅地建物取引士という2つの資格をうまく使って実現したかったのは、総合建設業と不動産業の両方を担い、土地計画の段階から手掛け、建物を作り、その管理運営を行うという一連の流れを自社で担うというビジネスモデルでした。このやり方ができれば中間マージンがなくなりますから利益率が一気に高まりますし、建物を作ったあとにも管理費などの定期収入が得られます。

そんなプランを胸中に秘めていたのに加え、自分の人生について思い悩んでいたのも不動産会社を作った動機の一つでした。

顔を合わせるたびに父とけんかをするような状態が続き、私の心はすさんでいました。社内でいつまでたっても父と母が相変わらず私という存在を一人の人間ではなくできの悪い息子としてしか扱わないことにもほとほと嫌気が差していました。

特に母は、親の言うことを聞かない、どうしようもない息子という像を作り上げ、社員たちの前で、皆さん注意してあげてください、教育してあげてください、と言い放ち、私は取締役としての発言力をそがれました。

私がどれほど会社のために尽くし、実績を上げても、評価されるどころかむしろ自分たちの立場を脅かす存在として見られるようになってきました。なぜ？という思いを胸に抱えながら、私は怒り、悲しみ、そして絶望しました。

たった一度の人生を実家の会社、そして親のために捧げてもいいものかと、本当にそれで自分は納得できるのか、と毎日のように自らに問いかけていました。

状況をなんとか打破し新たな可能性を広げたいという思いが、父の会社とはなんの資本関係もない不動産会社を設立した理由の一つでした。新会社は、スペイン語で人生や生活といった意味である「ヴィーダ」と名づけました。社名にも当時の私の切実な願いを込めたのです。

鉄骨の仕事が消え、工場閉鎖に追い込まれる

東京の仕事が下火になったタイミングで、私は新会社の設立に向けて動き出しながら父の会社を改めて分析し、あるべき姿を考えるようになりました。

当時の会社は小さいながらも従業員も50人弱に増えていましたが、はっきりいって組織の体をなしていませんでした。

業務や作業のルールなどあってないようなもので、社員それぞれが自分のやり方で仕事をしていました。マニュアルも当然存在せず、仕事は見て盗めなどという昭和の価値観が色濃く残り、ベテランの社員たちが幅を利かせていて風通しもいいとはいえませんでした。

こんな状態ではこの先さらに厳しい局面が来ればきっと乗り切れないだろう……私は危機感を抱き、改革の必要性を感じていたのです。

しかし、いきなり社内改革をするなどといっても当然、父や母が黙ってはいません。ベテラン社員たちからも反対の声があがるのは確実でした。

すると、今思えば父も薄々そのような組織の問題点を感じるようになっていたのか、ちょうどＩＳＯ（国際標準化機構）９００１取得の話を持ち出してきました。私は、これは渡りに船とばかりに、取得のための社内の旗振り役を買って出ることにしたのです。父がどこまで考えていたのかは分かりませんでしたが、私はこれをきっかけに社内の組織改革を推し進めることを意図していました。取得そのものが目的ではなく、社内体制を見直すことで組織と社員の意識改革につなげようと思ったのです。現場の仕事を棚卸しして整理し、役職ごとの権限と責任を明確にしていきました。コスト管理については、原価管理システムを導入していくことで、案件ごとの利益とコストを見える化していきました。

当時の日本では、ＩＳＯの取得ブームが起きつつありました。

背景としては、グローバル化が進んだことで国際的な品質基準であるＩＳＯに注目が集まるとともに、海外の取引先からＩＳＯの取得が求められるケースが徐々に出てきたというのがあります。日本政府も、企業の国際競争力強化を目指して、ＩＳＯの取得を支援する政策や法規制を導入し、取得企業を優遇しました。建設業界では、特に公共事業で姿勢が顕著に表れ、ＩＳＯ取得が入札での加点要素となったり、最終的な入札条件の一つに加えられたりしました。

そんな世の中の流れもあって私もＩＳＯ９００１の取得に関心をもっていました。そのためには管理体制の見直しや業務のルール化といったさまざまな改善が必要でした。

社内に向けては、公共事業の受注に有利になるという大義名分を掲げ、取得を目指す過程で私は自然な形で社内改革を進めようとしていたのです。

ＩＳＯ９００１の取得をテコにして進めた社内改革

父は社内の旗振り役を私がやることには何も言わなかったため、私は胸をなでおろしました。ただしベテラン社員、特に現場の職人たちはこれまで慣れ親しんできた仕事のやり方や作業手順を変えねばならないと知ってからは強く反対し、なかなか向き合おうとしませんでした。

ただ、その気持ちもよく分かります。このときのＩＳＯ９００１は、多くの企業にとって明らかに過剰に品質を求めるものであり、ねじ１本、釘１本の管理体制まで徹底して問われる内容でした。やるべきことの指示があまりにも細かく、書類を一枚作るだけで一苦労でした。ＩＳＯ９００１取得のための作業の手間が多過ぎて仕事が遅れるようなことも出てきて、まさに本末転倒のようなありさまでした。

これは父の会社だけの話ではありません。例えば東京の大手ゼネコンでは、広い会議室に並べた机のほとんどがＩＳＯ関連の書類で埋まり、いくら人手があっても足りないほどだったと聞きました。

私はすぐに、自分たちだけでやるのは難しいと考えたのでコンサルタントを入れて休日も使って煩雑な作業をこつこつとこなしていきました。ピンチはチャンスでもある、などといいますが、不景気で全体的な仕事量が減っていたからこそ、リソースを割いて取り組むことができたともいえます。

結果として、なんとかＩＳＯ９００１の取得にこぎつけました。そして当初の私の狙いどおり社内改革も進み、新たな規定やルールによって会社はようやく組織的な動きができるようになりつつありました。

ここでＩＳＯ９００１を取得したことが、のちに大きな財産となりました。

当時は社内改革ができただけでも十分取り組んだ意味があると、私は感じていました。組織としての体制づくりが進んだのですが、残念ながら仕事が増えるようなことはなく、むしろ経営環境はさらに悪化しました。日本全体が不況のなかにあり、上越市では職を求める失業者で公共職業安定所（ハローワーク）の駐車場に列ができていました。

２００1年、鉄骨事業の本拠地であり、柱の加工を中心に行ってきた本社工場に、ついに鋼材が一本もなくなりました。

仕事がなければ工場を維持できません。

結果として本社工場は一時閉鎖に追い込まれてしまい、勤めていた10人の従業員を全員、解雇せざるを得なくなりました。

私は本当に、申し訳ない、と、社員一人ひとりに頭を下げて回りました。

怒る人、途方に暮れる人、仕方ないねと力なく笑う人と、社員の反応はさまざまでした。

私はただひたすら申し訳ない気持ちでいっぱいで、夜も眠れませんでした。もっと自分にできることがあったのではないか、ＩＳＯより東京の新規案件をとりにいったほうが良かったのかもしれない、本当に解雇するしかなかったのか……反省と後悔ばかりが募りました。そしてこのときに私はなにがあってもこのときに社員を守る、と社員たちに誓ったのです。

しかし私が従業員に対する思いを強めたことは、結果として父との対立がさらに激化する要因の一つとなったのでした。

重苦しい社内の雰囲気

社員たちへの思いを新たにしたことで、私は社員らの雇用や待遇状況についても改めて目を向けました。

会社では社員の給料のベースアップは10年以上実施されていませんでした。

そんな環境でモチベーションを高く維持することができるはずもなく、社員たちにはいつも沈滞ムードが漂っていました。加えて父と私が激しく言い合うのをしょっちゅう見ているせいか、社内の雰囲気は重苦しく、自由闊達な状態とはほど遠いものでした。

私は取締役になって以来、父のやっている経営は正しくないのではないか、という思いがありました。きっと社員にも、同じように感じていた人がいたはずです。しかし創業者でオーナーの父に対し自らの意見を具申できるはずもなく、社員たちはワンマン経営を当たり前のものとして受け入れてしまいがちで、自主性や積極性が育っていませんでした。

工場の一時閉鎖、そして従業員の解雇という苦い経験から、私は改めて社員たちを大切にしたいと強く思うようになっていました。

結局のところ、会社は社員たちが支えてくれているのです。経営者一人だけではなにもできません。

社員たちのモチベーションや仕事に対する姿勢は会社の未来を映す鏡であり、その意味で当時の会社は末期状態にありました。

このままでは会社に未来はない、いずれ間違いなく、潰れるに違いないと私は確信しました。

会社の未来を憂え、社長交代を直訴

会社が潰れれば40人余りの社員たちが路頭に迷うのはもちろん、約40社ある協力会社の人々にも大きな影響が及びます。

最悪の未来が迫っているのを肌で感じて私は、このままでは会社がなくなる、だから、自分に社長をやらせてくれないか、とこれまで心に秘めて口にしなかった言葉を、父にぶつけました。

当時の私は専務取締役で会社の実務の多くを手掛け、仕事の受注も誰よりも多く獲得してきていました。父も70歳となり、一般企業であればとうに定年退職する年齢でしたから、代替わりのタイミングとしてはむしろ遅いくらいでした。

それでも父は世代交代に難色を示しました。

自らの人生を捧げた会社を、父からみればできの悪い息子に託すのが嫌だったのだと思います。一方で、いつかはそのときが来るというのは理解していたようで、ある日私に対し、まずは副社長をやってみてはどうだともち掛けてきました。これはあとで知ったのですが、どうやら父は信頼していた占い師から「2〜3年、副社長をやらせてから社長にせよ」と言われて、従ったようです。

私は代替わりを中途半端な形にはしたくありませんでした。自分が経営改革の大ナタを振るおうとした際に、口を挟まれ、邪魔をされるようでは、これまでとなにも変わらないからです。

父と押し問答が続き、私の社長就任はどんどん後回しになっていきました。

そうしている間にも、会社の経営状態はますます厳しさを増していました。当時は売上の85％を地元の総合建設業で生み出している状況で、私はそこにも危うさを感じていました。上越地域ではすでに公共工事の量が先細りし、民間の需要も冷え込む一方でした。このまま地元だけにとどまっていては、総合建設会社としていずれ行き詰まり、八方ふさがりになるのは間違いないと私は見ていました。

やはり、首都圏を目指すしかないという思いから、東京での営業活動を再開したのが2005年前後です。総合建設業に加え、一度は撤退した鉄骨事業についても改めてチャレンジする、というか、できることがそれしかなかったのです。

この頃、地元の同業者の紹介で知り合った東京の総合商社が、関東を中心とした商業施設を手掛けていて、鉄骨製品の製作を任せられる業者を探していると聞きました。

私にとって、東京に返り咲くためのきっかけとなり得る、絶好の話でした。ぜひ手伝わせてほしいと頼み込み、なんとか埼玉県のパチンコ店の建設に携わることができたのです。

しかし、埼玉での仕事が無事終わり、これからさらに関係を深めようとしていた直後に、思いがけないトラブルが起きました。

ある日、総合商社の担当者がわざわざ新潟の本社まで訪ねてきてくれました。しかし、タイミングが悪く私は不在にしてしまっていて、父が代わりに応対したのです。

父はこの担当者に対して面と向かっていきなり、人の儲けの中抜きをして飯を食っている、商社の案件なんかやってられるか、などと失礼なことを言ってしまい、担当者は怒って帰ってしまったことを、私はあとで知りました。

父が以前から商社嫌いであるのは私も知っていました。汗をかかずにモノを右から左に流すだけで商売をしている連中だと、父はどこか軽蔑していました。しかし、そんな偏見をまさか担当者にそのままぶつけるとはさすがに想像すらしていなかったので、私は衝撃を受けました。

商社の担当者からすれば、自分が仕事を発注している相手に対し、わざわざ訪ねていったのに無礼な言葉を浴びせられるなど、屈辱以外のなにものでもありません。怒るのは当然のことです。

私はすぐに担当者のいる東京支社に飛んでいき、平謝りしてもう一度チャンスをくれないかと、必死に頼み込みました。

そのあとも何度もアプローチをかけてようやく担当者の態度が軟化し、実際に次の仕事を受けることができたのは、それから半年後のことでした。

その後、再びいくつか物件を担当するようになって、なんとか信頼関係を回復することができました。その会社の東京支社には「協力会」という組織があり、のちに私はそこの役員を務めるようになったのです。役員になれたことによる効果はとても大きく、相手の社員たちと会う機会がぐっと増えました。重要な情報が集まるようになったことでさらに仕事が取れるようになり、会社が苦しい時代の経営を支える柱となっていったのです。

社長を交代しても、何も変わらぬ現実

私自身は個人的に社長という地位にまったく執着はありませんでした。それまで何度も、もう会社を辞めたいと周囲に言ってきたほどでした。日々のストレスは限界に達して身体的にめまいや頭痛、不眠症といった症状が表れていたからです。

原因のすべては、両親との関係にあると私は感じていました。

一刻も早く父のもとを離れたいのが、私の本音でした。不動産業と行政書士業があればなんとか食べていけるだろうとも考えていました。

しかし私は最後の一線で踏みとどまり、会社に残り続けました。踏みとどまったのは社

員や協力会社のためでした。会社では実務の多くを担い、売上のある顧客の半分以上は自ら集めたものでしたから、私がいなくなれば半年ももたず会社が立ちゆかなくなるのは明らかでした。

なにも父が経営者として劣っていたからではなく、会社を創業し育ててきた実績は揺るぎません。商売の才覚と度胸、そして運を手に、常に攻めの経営をしてきた父のようにバイタリティ豊かだった人が、日本の高度経済成長を支え、国を作ってきたのだと思います。しかし刻々と時代は移り変わります。昨日まで正しかったやり方や価値観が、今日も同じように通用するとは限らないのです。過去の成功体験にとらわれ、引きずってしまえば、時代に置いていかれます。実際に、過去の経験や勘を重視し、これまでの人脈から新たな仕事をとっていく父の経営手法は、バブル崩壊後にはなかなか成果が上がりませんでした。だからこそ、私の東京での営業活動や、総合商社のような新たな案件が必要だったわけです。

もはや、どう考えても父は潮時でした。きっと父も、まだまだ現役でいけるという思いの一方で、自らのやり方が通用しなくなりつつあるという現実は、肌で感じていたはずです。

この総合商社からの鉄骨製作の請負によって、会社は右肩上がりで売上を伸ばすことに成功しました。そして２００７年、私は社長に就くことになり、父は会長職へと退くことに同意しました。

私の社長就任にあたって、父が出してきた条件として、代表権を二人でもつ「共同代表」という形をとる、というものがありました。私は正直、不服でしたが、妥協も必要と感じて渋々受け入れました。

一方で私も、父に対し条件をつけました。

会長となったら、直接社員に仕事の指示をしない。業務はこれまで自分が担当してきた取引先のみで、ほかの案件には関与しない。土日は出社しない。なにかを実施する際には私に必ず報告する。

私が挙げた条件は主に、同じ船に船頭が二人いることで社員たちを混乱させないようにするためのものであり、特に理不尽なものではないはずです。これくらいなら父も守ってくれるだろうと私は期待しました。

ところが、いざ世代交代したあとも父の行動はまったく変わりませんでした。社長時代と同じように社員たちに直接指示を出し、私が持ってきた案件にもどんどん口を出してきました。一方で、自分がやっている仕事はいっさい私に知らせず、聞いてもはぐらかすばかりでまともに答えませんでした。

そして母もまた、社長になっても相変わらず私を子ども扱いしました。社員たちの前で、私のことを、できの悪い息子です、どうぞ鍛えてやってください、などと頭を下げる等、私を貶めるような振る舞いを、会社のなかでやられれば仕事に支障が出かねませんでした。

社員から見ても、結局は船頭が二人いる状況となってしまって私は申し訳なかったと思っています。私と父の両方にいい顔をして、余計なことは言わないようにするしかなくなってしまい、ずいぶん気をもんだ社員は少なくないはずです。

経営でも父がどんな物件をやっているか分からず、事業の全体像がつかめませんから、業績予想や資金計画といった会社としての見通しを立てづらく、判断に困ることがよくありました。

せっかく私が社長に就任し、これまでの会社のあり方を１８０度変えるべく、気持ちを新たに走り出そうとしたのに、ふたを開けてみれば結局なにも変わっていないという状態が続き、私は絶望に近い感情を抱き、日々ストレスが溜まっていきました。

そんな直後、新たな事件が起きたのです。

施工不良によって生じた多額の損害賠償

発端は、私の社長就任前の２００６年に着工したホテルの建て替えでした。地元で付き合いのある建材店から私に話が来た案件で、施主は新潟県内の開発会社、総工費6億円という、当時の会社の規模からすると大きな建設プロジェクトでした。

そのホテルは、20室ある客室のうち半分に露天風呂をつけることを計画していました。使い勝手よりデザインを優先した建物で、1年半ほどかけて完成させました。

引き渡しが無事終わり、私と担当者はささやかな祝賀会を開きました。しかし張りつめていた緊張の糸が切れたのか、私は途端に体調を崩してしまったのです。どうにか病院に行くとストレスによるものという診断で、3日ほど入院することになってしまいました。

病院のベッドの上でしばらくは要安静かなと思っていると、突然会社から電話が入りました。入院中と分かっていて連絡してくるのですから、よほどの事態であると覚悟しながらも、私は電話を受ける前から胃が痛くなりました。

案の定、引き渡しが終わったばかりのホテルで起きたトラブルの連絡でした。設置された客室の露天風呂から漏水があったようで、すごい剣幕で先方からクレームが入っているというのです。

もはや入院などしている場合ではなく、私は点滴を自分で外すと病院をあとにしました。

防水工事を担当した会社に飛んでいき事情を聞くと、どうやら防水用のコンクリートを打設した際に図面と異なる場所に浴槽を置くなどの明らかなミスがあることが分かったのです。また、防水工事自体の品質も悪く、水が床下に漏れてしまったようでした。さらに、床下は建物の下部でつながっていたので、結果として建物全体の床が水浸しになってしまいました。

プロの防水業者とはおよそ思えない、ありえない失態です。私は顔が青くなりました。その業者は、施主であった開発会社からの紹介でした。もしも私の会社の協力会社であったなら間違いなくそうした事態にはなっていなかったはずでした。

しかしどのような事情であれ、現場で起きたミスは最終的に社長である私がすべての責任を負わなければなりません。すぐに防水業者を伴って施主である不動産会社へと向かいました。

当然のことながら、相手はすごい剣幕で、ばかやろう、いったいどうしてくれるんだ、とまくしたて、激怒していました。

私は椅子を立って床に飛び降りるように正座をし、本当にすみませんでした！　と言って敷かれた赤いじゅうたんに額をつけました。

人生で初めての土下座です。情けなく、やるせなく、屈辱的でした。それでもこれが自分の役割だと言い聞かせてなんとか涙をこらえました。

施工不良ですから当然賠償問題にも発展します。

この水漏れの修繕には約７５００万円の費用がかかりました。一部、施主が加入していた保険を使わせてもらいましたが、残りは私の会社でなんとか負担するしかありません。防水事業者にも当然、一端を担ってもらおうとしましたが、個人事業主に近い業態の会社に大金があるはずもなく、私がなんとかかき集めるほかなかったのです。

足りない賠償金

会社に戻り、会長となった父に報告をすると烈火のごとく怒り、会社の金はいっさい使うな、個人で払え、と言いました。

父の反応はある程度予想していましたが、父と懇意にしている金融機関の担当まで一緒になって私を責めてきたのには憤りを感じました。しかし、「失態の責任は社長である私が取る」のは紛れもない事実ですから、黙って聞いていました。

私は金策に奔走しましたが、当初必死にかき集めても4000万円には届きませんでした。困っているときに限って、それを見透かしたかのように揺さぶってくる輩はいるものです。施主の不動産会社からは、経営幹部を名乗るガラの悪い連中が連日のように会社にやってきました。彼らと施主との関係性もよく分かりません。どこかでこの話を聞きつけてきたのでしょう。黒塗りの外国製高級セダンで乗り付け、ダブルのスーツに身を包み、セカンドバッグを手にパンチパーマといういで立ちの彼らは、我が物顔で会議室を占拠して、話を穏便にまとめてやってもいい、とあからさまに金銭の要求をしてきました。断れば、大声で怒鳴り、たばこをプカプカと吸って、こちらが要求をのむまでいつまでも居座ろうとしてくるのです。

しかしこちらも屈するわけにもいかず、なんとかかわし続けながら、裏で金策に走っていました。彼らは毎日のようにこちらにプレッシャーをかけてきて、私は気が休まることがありませんでした。

ただでさえストレスで体調を崩していたところに、さらに精神的に追い詰められ、私の心は次第に壊れていきました。

車を運転しているとき、このままトンネルの壁に向かって急ハンドルを切り、死んでしまおうかと本気で思いました。毎日のように「いっそのこともう死んでしまって、すべてを終わりにしたい」と考えるようになっていました。

それでもなんとか耐えることができたのは社員たちと、私の家族の存在があったからです。自分の人生はともかく、彼ら彼女らの人生まで破壊するような行為は、私にはとてもできません。

とにかくたくさんの人に頭を下げ、最終的にはなんとか金融機関から４０００万円を用立てることができましたが、本当に苦しい局面でした。

会社の命運を賭し、公共工事獲得に突き進む

防水工事での施工不良の損害賠償によって、私はぼろぼろの状態となりましたが、仕事

を投げ出すことなくなんとか踏みとどまっていました。しかし、そんな私に「リーマンショック」というさらなる高波が襲ってきたのです。

２００８年9月、アメリカの有力投資銀行グループであったリーマンブラザーズの破綻が引き金となり、世界的な金融危機が起きました。

この影響をダイレクトに受けた業界の一つが建設業界です。翌年には従業者の数が20万人も減少し、野火のように急速に不景気が広がっていきました。私たちの会社もまた、その影響から逃れることはできませんでした。

一時は再び需要が戻りつつあった鉄骨加工をはじめとした東京の案件を私はなんとか取ろうと奔走していたのですが、２００９年に入ると本格的な不景気に突入してしまい、すでに受注していた6億５０００万円分の仕事が、一瞬ですべて吹っ飛んだのです。

私は思いつく限りの手を尽くしましたが、状況は一向に良くなりませんでした。リーマンショックから7カ月ほど経つと、工場に鋼材が一本もなくなりました。

工場のがらんと空いたスペースを見て、私には8年前に工場を閉鎖し、従業員を解雇したときの苦しみがよみがえってきました。同じことだけは、繰り返してはなりません。精神的につらいとか、しんどいなどとは、もはや言っていられなくなりました。

２００９年の時点ではリーマンショック以前に受けて進行していた総合建設業の仕事が残っていたので、数カ月間はなんとかしのぐことができました。その間になんらかの手を打たねば、間違いなく会社は潰れてしまう状況でした。

自分がなんとかしなければと思い悩み、私は残る力のすべてを振り絞り、打開策を探しました。目を付けたのは公共工事でした。

なぜならば、公共工事は民間工事より安定した利益が見込めると思ったからです。業界ではまだまだ新参者の当社が参入するには、高い壁が立ちはだかりました。しかし、会社自体が存続の危機となった今、乗り越えていくしか選択の余地はありませんでした。誰も助けてはくれません。自らの道は、自ら切り拓いていくしかないのです。

東京の仕事も行き詰まり、総合建設業の案件も消えた今、なりふり構わず、もう闘うしか生き残る道は残っていないというのが私の結論でした。失うものはないと腹をくってしまえば、あとはやるだけです。

会社の命運をかけて、私は公共事業の受注に向けて突き進みました。

公共工事を取るには、価格と技術力という基本的な要素はもちろんですが、入札データの解析が欠かせません。私は過去の予定価格と、制限価格の差を大量に調べて価格を予測し、ぎりぎりの価格、すなわちそこから1円でも安ければ失格となる「制限価格」を狙って攻めの入札を続けました。結果として２００９年度には６件もの公共工事を受注することができたのです。

もしこれらの受注がなければ間違いなく会社の経営は行き詰まっていましたから、首の皮一枚でなんとかつながっているような感覚でした。

ただ、それでも私のやり方を絶対に認めようとしなかったのが、父です。

会長になってからも父は私の頭を押さえようと自らの力を誇示するかのように、自分は代表権をもっているとか、会社の株式のほとんどは自分のものだなどと言い、脅しとも取れるような圧力をかけて、私を従わせようとしてきました。

それが実際に私の足かせとなり、出鼻をくじかれたり、プロジェクトの進行すら遅らされたりすることが幾度もあり、会社に不利益をもたらしているのはもはや明らかでした。

それでもまだ私は、心のどこかでは父を一人の経営者として尊敬し、ここまで会社を引っ張ってきた事実に対し敬意を払っていたのだと思います。だからこそ、なんとか父の理解を得ようと常に言葉を尽くし、魂を削りながらぶつかっていき、互いにとってより良い形を模索し続けてきたのだと思います。

精神を病み、腑抜け状態になった日々

その頃の10年、私は大学を卒業する間際に母から電話を受け、私なりに熟考した末に実家に戻るという選択をした過去を激しく後悔し、絶望感を抱き続けてきました。目の前に広がっていた新たな大いなる可能性に背を向け、今のこの生き方に踏み込んでしまった自分を責めていました。

幼少時のトラウマを抱えてきた私が、会社に入った途端に父と良い関係を築けるとは最

初から思っていませんでしたが、まさか20年にもわたって苦しみ、絶望のなかをさまようことになるなど、さすがに予想していませんでした。

そうして20年間溜まり続けた心のわだかまりは、確実に私の体調面にも影響を及ぼしていました。めまいや片頭痛、疲労感といった形で身体の不調として表れ始めたのです。体調面だけでなく、ストレスと絶望感に押しつぶされそうになり、精神的にも疲れ果てて、自ら命を絶とうと考えたことも、何十回もありました。

そんなぎりぎりの精神状態が続いていたため、医師から精神安定剤を処方されたこともありました。試しに1粒薬を飲むと、確かに最初は頭がすっきりと晴れ渡り、心が軽くなりました。その瞬間だけは、父という存在から目を背けることができました。

しかし効果は最初の日に飲んだ1粒目のみでした。別の日に服用した2粒目からは効果が表れず、頭に霧がかかったようにぼんやりとして、なにも考えられなくなりました。医師の処方に従って飲んだ3粒目は、むしろ頭に霧がかかる時間が伸びていくように思えました。

私はいわゆる腑《ふ》抜けのような状態の人間に成り下がり、次の日の朝はなかなか起きられず、日中も思考回路が停止したような状態になったため、薬は3粒目を最後に服用しなくなりました。

このような精神状態ですから、仕事はもちろん家庭にも悪影響が及びました。些細なことでもイライラして妻との関係が悪化しただけではなく、高校受験を控えていた長男にも迷惑を掛けました。受験校を選ぶにあたり、長男は地元ではいちばん優秀な県立高校にチャレンジしようとしていました。ただ私は、その県立高校に万が一受からなかった場合、私立の高校に入学することになるのをひどく恐れていました。私立に通わせるほどのお金をどう工面すればいいか、そればかり頭に浮かびました。そしてある日ついに、レベルを下げてもいい、確実に受かる県立高校に行ってほしいと、親としてあるまじき言葉を長男にぶつけてしまったのです。私はこのことを今でも激しく後悔していますし、長男に対し一生負い目を抱きながらこの先も生きていくのだと思いました。

結局、幼少時から縛られてきた父という原因を取り除き、精神的に乗り越えない限りはいつまで経っても心が絶望にとらわれたままであり、体の不調は改善することなく、人生を前に進めることはできないのだと、私は悟りました。

このままではなんのために生まれてきたのか分からない、会社での父の勝手な行動をどうにかしなければならないと、私は自分の人生を取り戻すために、正面切って父と戦うしかないと決意したのです。

覚悟を決めて迫った父と母の退職

腹をくくった人間の覚悟というのは、相手にも伝わるものなのだと思います。私が改めて退職を迫ると父は「もういいわ、会社を辞めてやる。代表から降りてやる」と言ってついに折れました。

しかし父はやはり、一筋縄ではいきませんでした。その代わりこっちの要求は聞いてもらうと言って、退職慰労金として1億円、母には5000万円、あとは社用車を一台ずつと、土地をもらう、株も当然買い取ってもらうと言ってきました。

リーマンショックの影響により先行きの見えぬなかで、あまりにも法外な要求であると私は感じましたが、一方で納得もしました。父はこの会社を立ち上げ、長年社長として会社を支え続けてきた功労者であることは間違いなく、その父を会社経営と家庭の両面で支え続けた母もまた然りです。しかし、いかんせん会社にそんな大金を出す余裕はありませんでした。そのことを当然分かっているはずの父は追い打ちをかけるように、「こっちにも予定がある。金は5月までには振り込んでくれ」と言ってきました。

私がそんな余裕、あるはずないじゃないか、分かっているだろう、と言い返すと、なんだ、払わん気かなどとさらにまくし立ててくるのです。

私は、そうじゃない、まとめて振り込むのが難しい、生涯、役員報酬をつけるから、せめて分割払いにしてくれと語りかけました。すると父は、それはだめだ、とにかく5月までに払ってくれ、いいなと言い残してその場をあとにしたのです。私はしばらくあっけにとられました。

安定した経営基盤をもたぬ中小零細企業では多くの場合、経営者は自身でこつこつと退職金を積み立てておくものです。しかし、どんぶり勘定で経営をしてきた父には、そうした発想自体がありませんでした。

父の世代の中小企業経営者でよく見かけるのが、会社の財布と自分の財布を混同し、公私の区別がまったくついていない人です。会社は自分のものだなどという、そんな高慢な思いがあるからこそ、財布を混同し、自らの退職金すら用意しないのです。

むちゃくちゃとも思える条件でしたが、別に腹も立ちませんでした。要求に応じさえすれば、父と母は会社から去ってくれるという意味で、私にとっては新たな展開ともいえました。

しかしただでさえ経営が苦しいのに、約2億円もの新たな支出をしなければならないのは、本当に恐ろしいことでした。とはいえ、この機を逃せば両親は死ぬまで会社に居座り続けるかもしれないし、そうなれば私はまた絶望の日々に逆戻りです。考え抜いた末に私は、ならばわずかでも前に進もうと思いました。

私はすべての条件をのむと父に後日伝え、退職日は２０１０年5月31日と決まりました。私は東京から戻って以来20年以上にわたって両親と働いてきました。ずっと抑圧され続け、いつも胸が苦しく、人生の希望が見えず途方に暮れていました。両親の退職は私にとって、抑圧からの魂の解放を意味しました。

20年も閉じ込められていたら、誰しもが一刻も早く解放されたいと思うはずです。私も一分一秒でも早く、両親と離れたくて仕方がありませんでした。

深夜、誰もいなくなった社長室で私はそのまま朝まで深い眠りへと落ちたのでした。

待っていたのは、実の親との裁判という泥沼

ところが、事はそううまくは運びません。退職日の1週間前になっても、父と母は会社に出社し続け、いつも通り社員たちに指示を出したりしていました。もちろん自らの進退について社内に発表すらせず、まるでなにごともなかったように時だけが過ぎていきました。

私はもちろんそのまま放置しておくつもりはありませんでしたが、ちょうどその頃、地

域で小学校の校舎を建て替える計画がもち上がり、その公共工事の入札という大きなチャンスが巡ってきて対応に手いっぱいになっていました。大型物件になると、業者が企業体を組んで入札に臨みます。私の会社もそのなかに入っていました。

私はすでになりふり構わず単独で公共工事の獲得に動いていました。そのため周りも認めてくれるようになったのでしょう、すんなりと参加することができました。結果として参加できたからよかったようなもの、もし参加できなかったらどうだっただろうと思うと、寒気がします。

大げさな話ではありません。2010年はリーマンショックの影響がより強く表れた年でした。新潟の建設業界にも不況の嵐が吹き荒れ、経営に行き詰まって自殺する人も出てきていました。民間工事の需要はほぼ消滅し、たまに出てもそのほとんどは受ける前から赤字が決まっているような物件で、利益などとても見込めないものばかりでした。

頼みの綱は公共工事でしたが、そう頻繁にあるわけではありません。一つ取り損ねれば次はいつ入札があるか分からず、その間に会社の資金が枯渇する可能性も十分にありました。

ひと段落して、私が父と母は会社を去る気はないのだろうかと思っていたところ、5月31日、突然、管理職社員を集め、今日で退職すると告げました。もちろん、要求された金銭は渡してあります。その完了を待ってのことだったのでしょう。あとから聞いた話ですが、両親は私が頭を下げて帰ってきてください、と言ってくると思っていたのだそうです。

しかし、やっと心が解放された私にとっては、頭を下げる理由などまったくありません。ここからはとにかく、会社を立て直すために父とは違う経営を進めていけると、私は決意を新たにしました。

ただ、話がこれで終われればよかったのですが、問題はそのあとでした。

両親は会社を出ていく際に、役員2人と社員2人を伴っていきました。実はそのほかの何人かに対しても裏で声をかけていたようです。さらに彼らはこともあろうに、長野県にサトウ産業という同名の会社を設立したのです。

それだけでなく、父は既存顧客も3社奪っていきました。多額の退職金に車、不動産など、要求されたものを渡したのは交渉の末の話ですからまだ良いとして、社員を引き抜き、同名の会社を隣県に設立し、挙句に勝手に顧客を奪うなど私個人の感情うんぬんといった次元をはるかに超えた、明らかに会社に損害を与えようとする言語道断の行為です。

たとえ誰であっても、会社に敵対する人間が現れれば、経営者として会社を守る義務があります。私の背中には40人の社員とその家族の生活がのしかかっているのです。自分の家族も含め、一人たりとも路頭に迷わせるわけにはいきません。

母親は息子の味方だと聞いていましたが、実際は夫である父の側の人間でした。今日までの経緯の中でそうなってしまったのか、あるいはもともとそうだったのか……いずれにしてもそれは私にとって言葉にならない悲しい現実でした。自分たちは追い出されたという妄想がこじれ、きっと激しく私を憎むようになっていったのだと思います。

両親はついに、一線を越えてしまいました。ならば私も親子の情を完全に捨て去り、戦うしかありません。私は、実の両親を不正競争防止法違反で訴えることを決断しました。すでに二人は、自らの親や兄弟とも疎遠になっていました。自分だけよければいいという発想で人を切り捨てていけば、周りに誰もいなくなるのは当然のことです。ついに私が切られる番がやって来たということです。

私には妹がいますが、彼女は母と親しく、母からずっと私についてだめな兄だと仕込まれてきました。裁判になれば、きっと妹の心はさらに離れ私を恨むだろうと思うと、ただそれだけが私にとって心残りでした。私の事業承継は、こうして親子間での裁判という泥沼へと落ちていくことになるのです。

第2章

7400万円の債務超過で
余儀なくされた工場の閉鎖
苦渋の決断の連続を迫られた会社再建への道

ついに始まった、親子間の裁判

父が設立した新たな会社の名がまったく同名の「サトウ産業」であると判明して2日後、私は長野地方法務局に行って土地建物会社の登記簿謄本を取りました。謄本によれば、事業内容の鉄筋加工業のところが食品加工業に変わっている以外は、すべて同じ内容でした。

これではどうみても、本家サトウ産業の関連会社にしか見えません。顧客が混乱するのは目に見えています。

その後、実際に身に覚えのない請求書が誤ってこちらに届いたこともありました。顧客や協力会社から「長野のサトウ産業にも出資しているんでしょう。子会社か、グループ会社なんでしょう」などと言われました。もちろん私と両親との争いのことなど話せませんから「会長が第二の青春を謳歌する会社です」とごまかしていましたが、周囲は明らかに戸惑っていました。また、どうやら両親は私に会社を辞めさせられたと吹聴しているようで、それも腹が立ちました。そうしたことは結局、本家サトウ産業の企業イメージを著しくダウンさせるものだからです。

こうして私はついに裁判という最終手段に打って出ることになりました。

訴状の内容は、大まかに言って次のようなものでした。

・父が新たに設立したまったく同名の会社についてただちに使用を停止するとともに、登録を抹消すること。
・父がつくった新たな会社の事業所に掲げている看板や店舗、そのほか広告などからすみやかに同名の社名を取り除くこと。
・営業上の施設や活動で同名の社名を使わないこと。
・今回の行為によって生じた損害金を一定程度支払うこと。
・訴訟費用は被告の負担とすること。

法律的な根拠は、不正競争防止法第二条一項一号及び第三条の規定に基づいていました。この法律の目的は、その第一条にあるとおり、「事業者間の公正な競争及びこれに関する国際約束の的確な実施を確保するため、不正競争の防止及び不正競争に係る損害賠償に関する措置等を講じ、もって国民経済の健全な発展に寄与することを目的とする」ものです。父の行った行為は私のみならず、同じく会社に働く社員たち全員にとって著しい損害となるものでした。さらに根拠となった箇所は次のような記載があります。

（不正競争防止法第二条一項一号及び第三条　より）

第二条一項

一　他人の商品等表示（人の業務に係る氏名、商号、商標、標章、商品の容器若しくは包装その他の商品又は営業を表示するものをいう。以下同じ。）として需要者の間に広く認識されているものと同一若しくは類似の商品等表示を使用し、又はその商品等表示を使用した商品を譲渡し、引き渡し、譲渡若しくは引渡しのために展示し、輸出し、輸入し、若しくは電気通信回線を通じて提供して、他人の商品又は営業と混同

を生じさせる行為

（差止請求権）

第三条

不正競争によって営業上の利益を侵害され、又は侵害されるおそれがある者は、その営業上の利益を侵害する者又は侵害するおそれがある者に対し、その侵害の停止又は予防を請求することができる。

父たちの反論

父、つまり被告人側の答弁は次のようなものでした。

・こちらからの請求をいずれも棄却する。

・訴訟費用は原告の負担とする。

言い分として父が挙げてきたのは、自分の長年の成果によって会社が成り立っているというものを第一に掲げた苦しいものでした。

・会社の商号が地元を中心としてよく知られるようになったのは、自分が汗水流して営業してきた努力の成果である。

・一方で、商号の使用については、すでに取りやめていて、商号と看板などの表示を変更している。

・営業活動は限定的な地域を主な対象としている。さらに、競合しない別の事業にも展開をしているから営業妨害に値しない。

・営業先に対して関係する会社であるかのように吹聴していることは否認する。そのような言動はいっさいなく、したがって、顧客が両社を混同することもない。

・不正な目的はいっさいない。商号も変更している。また、営業地域も限定的に展開しているから競合しない。

さらに父側からの背景説明には、「私が社長になって会社経営を託された（自分は代表取締役会長となった）。しかしその頃から私が、父と母に対して頻繁に邪魔者扱いをする言動をとるようになった」とありました。

あるときは私が声を荒らげて、自分たちが社員の前で面罵されるようなことがあり、それを受けて、父と母は会社を退職せざるを得なかったともありました。黒澤明の映画『羅生門』ではありませんが、人によって見えている現実というのはこうも違うものかと思ってしまいます。

いずれにしてもこうしたなかで、父も母も、まだ十分に働ける気持ちがあったために、父親の出身地に事務所を構えて新たに建築関係の事業をすることを企図し実行したのです。そうしたのは、私が継いだ会社と営業が競合しないように配慮したからであるといいます。父は、自分が創業した会社を自分の力で大きくしたという思いが強かったことと、他県であれば会社に迷惑をかけることもないだろうと考えて当初同名の商号を用いていいた、しかし関係者からの指摘を受けて、やはり商号を変更している、というものでした。

私の反論

このような父の言い分に対して、私の反論は次のようなものでした。

・父が汗水流して営業してきた努力の成果で、会社の名前が地域に知れ渡ったという点について、争う。すべて父の努力によってのみ会社が存続してきたわけでも、名前が知られたわけでもない。過去10年来、父よりも私が代表となってからの営業実績のほうが売上金額、利益金額で、父が代表だった時を大幅に上回っている。現在、父が営業した仕事に対して、補修工事が発生していて、利益マイナス要因となっている。15年ほど前から父のやり方では、うまくいかなくなっていた。

・父は私とその会社に対して、営業活動における甚大な影響を与えている。同名の会社による父の深刻な営業既得権の侵害、得られるべき利益の喪失、営業活動の妨害行為が明らかになってきた。私が引き継いだ会社の本社がある地元、上越市内で営業活動を本格化させていることも判明している。父は、これまでの顧客先を熟知しており、私が代表を務める会社の顧客をターゲットとしている。

・私は、大学卒業時に就職先が決まっていたのに後継者として父の会社に入社し、経営に関与してきた。父は、自身で会社を立ち上げてきたという自負があり、ワンマン経営だった。父と母は私に対し、「親の言うことを聞かないだめな息子」と言い、社員の前で「皆さん注意してあげてください。教育してあげてください」と常々言っていた。取引金融関係、業者には私とばかり話すなと言ったりして、社長就任後も私を代表者として尊重しなかった。

・私は社長に就任した際に、全社員に「会長には『毎日会社に出て来なくていいよ。毎日ゴルフしていていいよ』と言えるだけの会社にならなければならない」ということを述べている。しかし、その言葉に対し、両親はまったく違う受け取り方をし、私が説明してもまったく受け付けず、「私が辞めさせようとしている」と悪意に追い出そうとしている」と悪意に取った。

・父が「親でなければ子でもない。いつまでいるんだ」などと言ったことは争う。両親は、自分の都合に合わせ、会社での立場の違いで高圧的に攻めたり、親子問題としての関係を絡ませてきたり、会社の代表である私の進め方に反発ばかりしていた。

・両親は引き継いだ会社と、新たに自分たちが立ち上げた同名の会社が営業活動で競合しないように配慮したとあるが、配慮する気持ちがあるなら同じ商号を使用せず、こちらの顧客先と分かりながら営業しないのが通常である。両親があくまで自分たちが創業した会社は自分たちのもので、自由にできるものだと考え、自分たち、または自分たちの一部であるかのような誤信を生じることが分かっていながら同名の商号を使用し、現在も営業活動において同じ会社であるかのような表示を使用して活動している。

・両親は「退職を決意せざるを得なかった」とあるが、退職にあたり、両親の要求事項を私はすべて満たしている。このような不正競争行為をするのであれば、両親への高額な退職金等、退職条件には応諾しなかった。

後味の悪い勝利

この訴訟は判決を待つまでもなく、こちらの言い分に理があることは明白でした。おそらく、父側の弁護人もそのことは十分分かっているので、最終的にはいたずらに係争を延ばすことはせず、こちらのほぼ要求通りの形で和解案が成立しました。

こうして私と両親は、ついに完全にたもとを分かちましたが、裁判以外にも、父は会社に対しさまざまなトラブルを残していきました。父が会社を出てからも残務処理がありました。

社会保険料の未払いや、会社の経費処理においてもいくつか問題があるものもありました。日々忙しく仕事に励むなかで、どんぶり勘定になっていたのだとは思います。悪気があってやったわけではないと思いますが、やはり気持ちのいいものではありません。

また、数十年前に父が担当した工場の床下の地面に大量のコンクリートの破片が埋まっているのも発覚しました。その工場の解体をきっかけに、産業廃棄物であるコンクリートをずさんに処理していた実態が明らかになり、依頼主であった企業から訴訟を起こされそうになりましたが、建物を作ったのは20年以上前ということで時効が成立し、裁判には至りませんでした。

これも父自身が床下に埋めてしまえなどと指示を出したわけではなく、現場の施工業者が独断でやったことと思われます。両親の多大な功労によって会社が大きくなったことは認めるものの、一つだけ理解しておいてもらいたかったのは、人知れずこのようなトラブルを処理している人がいて会社が成り立っていることも真実であるということでした。

思いがけぬ、裏切り

ようやく私は自由の身となりましたが、その代償は大きく、両親の退社にまつわるいざこざがあった1年間で、私の体調はより悪化しました。特に裁判が始まってからは、3カ月で体重が10キロ落ちました。

急激にやせ細っていく私を周囲の人は不審がりました。それに対し、ダイエットの成果が出たと表向きは笑っていましたが、体力が削られて、トイレに座っただけで立ち上がれないほどで、このままでは死んでしまうと本気で思いました。悪いことは重なるもので、両親以外でも私の心を切り裂いた出来事がありました。

当時、ある大口の顧客から請け負っていた鉄骨加工の価格は、リーマンショックの影響を受けて大幅に低下していました。それは、やればやるほど赤字がかさんでしまうほどのレベルでした。

だからといって仕事を断れば、工場が稼働せず収入もなくなります。また、もし私の会社がやらねば、その工事の引き受け手はなかなか見つからないというのは目に見えていました。その大口顧客とはこれまでお世話になってきたことも鑑みて、赤字と分かっていても受けざるを得ない状況でした。

顧客から依頼のあったプロジェクトは、アジアでも有数の大型商業施設の建設でした。大型の建設プロジェクトでは、いくつかの会社が集まってプロジェクトを進めるのが普通で、その一部を私の会社で請け負うことになったのです。

こうしてプロジェクトが動き出したのですが、順風満帆とはいきませんでした。まず、ファブリケーターは製品を作るための図面、「施工図」を描きます。これを基にゼネコン、設計事務所と何度も打ち合わせをして鉄骨の形を作っていくのですが、この方針がなかなか定まらないのが昨今の建設現場の実情です。

方針が決まらないのに、施工の作業日程だけは決まっているのですから、自ずと結果は見えています。

当然、工事初日から建て方はストップしました。「建て方」というのは、建物の構造材を組み立てることで、建物を建てる際に、土台を据え付けるところから、柱や梁、そして棟上げまでの工程を指します。家を建てるときに大工が木材を組み立てるのと同じように、ファブリケーターが施工図に基づいて加工された鉄骨を現場で組み上げていくのが建て方です。

現場の工事は一向に進まず、ただ時間だけが過ぎていきました。工期は大幅に遅れ、当然ながら大問題となりました。

最終的に工期の遅れた原因は私の会社にあるとして、工事代金の一部を払ってもらえませんでした。ただでさえ赤字受注のところに、入るはずの代金が入らないのですから、その打撃は大きく、この一件だけでトータル５０００万円ほどの大きな損失となりました。これがそのまま当期の赤字、債務超過の一因になったことはいうまでもありません。

私は、このもらえなかった代金を、ずっと決算書上に残しておくこととしました。会社の記録として、またその屈辱の記憶を忘れないためでした。これは上場するまで残しておくこととなります。

当時、裁判も検討しましたが、私はすでに両親との争いを抱えており疲れ切っていました。もう法廷はこりごりで、何年にもわたって裁判をするくらいなら、その労力を使って新たな物件を受注したほうがいいという結論に達していたのです。

今だからこそ言えることですが、みんなそれぞれ自分の立場で会社のためと思っての行為なのでしょうが、私にとっては人生最大の試練の始まりを告げるものでもありました。

２０１０年という最悪の時期、私のように赤字受注をしてもなんとか工場を動かそうとした経営者がいた一方、あえて案件をとらずやりすごそうとしていた経営者もいました。

このときに動かないという判断ができた人は、大きく失敗せずに窮地を乗り越えられたのだと思います。積極的に打って出るだけが経営ではないのだと、私は学びました。

金の切れ目が、縁の切れ目

2010年度は、会社が始まって以来の大赤字でした。公共工事を除き、この年にやった仕事はほぼすべて利益がゼロという厳しい状況であり、かつ両親の退職にまつわる支出が1億9200万円、大規模商業施設の建設でも5000万円のマイナスと、さんざんな結果に終わりました。

最終的な数字を見て、私はがっくりと肩を落としました。7500万円の債務超過で、そこに並ぶ数字は、世界の終焉のように見えました。頭の中には倒産の二文字がずっとこびりついて離れず、食事がますますのどを通らなくなりました。

債務超過ですから当然なのですが、会計事務所による企業格付けの点数は100点満点中、たったの５点でした。金融機関からも、厳しいコメントが飛んできました。

「当行は、今後の経営に口は出しますが、もう金は出しませんよ」

「経営に怠慢なところがあったんじゃないですか」

なかでも私が悔しかったのは、地元の銀行から、「社長、再建計画を作りましょう。10年がかりでゆっくりやりましょう」と言われた時でした。せっかく20年来の暗闇から抜け出そうとしているのに、新たに10年間も底辺にいなければならないなど、私には耐えられませんでした。


１日８時間働いたとして10年かかるなら、寝ないでやれば３年ちょっとで元に戻るはずだと、私は本気でそう思いました。さすがに一睡もしないわけにはいきませんでしたが、１日２〜３時間の睡眠でとにかく必死に働きました。

ただ、いくら自分が熱くなっても、その熱が周囲に伝播することはなかなかありませんでした。むしろ債務超過という圧倒的な現実を前に、人の心がどんどん離れていきました。驚いたのは、決算が出てから、昨日まで普通に買えていた商材が買えなくなったことです。毎日会社に来てモノを売り、時には私にごまをすって気を引こうとしていた人々が、手のひらを返してあなたに売れるモノはありませんと冷たい態度に変わり、潮が引くようにさっといなくなりました。

金の切れ目が縁の切れ目……なんだかテレビドラマの世界のようでしたが、紛れもなく自分の身に起きていることで、私は世の中はこんなものか、貧乏とはこれほどにみじめなものなのだと心底思いました。

自らが努力すれば脱出できるなら、それこそ死ぬ気で働くつもりでした。しかし鉄骨加工の単価はいまだ戻らず、総合建設業の仕事はほぼ消え、公共工事も先細りしているなかで、果たして何をどう進めればいいか、未来は霧のなかにあり、この先どうなるかがまったく想像できませんでした。

絶望的な状況のなかで見えた希望

一つ自覚していたことがあります。それは、来年も赤字なら私は生きていられないということです。私は腹をくくりました。父の笑い声が、どこからか聞こえた気がしました。

最悪、自らの命を賭してでも借金を返さねばならないというネガティブな思考がよぎりましたが、経費削減の一環ですでに自らにかけた生命保険は解約してしまっているのを思い出し、途方にくれました。体調はさらに悪化し、立っているのがやっとの状態の自分に、それでも神は生きろといい、責任を取れと迫ってくるのか……運命の過酷さ、そして己の無力さに打ちひしがれ、なかなか気持ちを前に向けることができませんでした。

そんな私の心の支えだったのが、抑圧から解放されてこのあと自分はどこまでいけるのだろう、この先にある風景を見てみたい、どんな未来が待っているか知りたい、という強い気持ちでした。そして倒産の危機にあっても、抑圧されていたすべての過去を自分の中で昇華できたとき、すべての恩讐は清算されるのだと言い聞かせました。

苦しいからこそ、今見るべきは、過去ではなく未来である、私はそう自分にはっぱをかけて、重い体を引きずって毎日出社し、10年先、15年先の会社に思いをはせながら、今すべきことを問い続けました。

会社の希望の担い手は、社長でも設備でもありません。そこで働く人々こそが、会社の未来を創ります。したがって10年先を見るなら、まずやるべきは人への投資であると私は考えました。

会社が債務超過に陥る前後で、見切りをつけて辞めていった社員が何人も出ました。それは当然のことで、もちろん責めるのはお門違いです。ただ、その一方で私を見放さず、お家騒動があっても、債務超過になっても、会社に居残り続けてくれる社員たちもいました。それは当時の私にとって唯一の自己承認であり、自分はここにいていいのだというよりどころとなりました。これからは彼らのために私は生きていこう、彼らの未来をより良くするのにすべてを捧げよう、そう考えると少し気持ちが温かくなり、暗闇の中にあっても心に小さな灯がともるような不思議な感覚がありました。

15年先の、未来のために

社員一人ひとりに対し改めて向き合って分かったのが、自分の経営者としての至らなさでした。それまでの私はなんでも自分でこなしてしまい、社員に任せ育てる、成長をうながす、という発想が足りませんでした。結局のところ、ワンマン経営を貫いた父とそう変わらぬことをやっていたのか……私は愕然としました。

そうして自分主導で仕事をしていたのには、まともに利益が出ず給料も上がらない会社なのに、社員に文句など言えないと引け目を感じていたせいもありました。

しかし仕事を通じ本気で社員たちを幸せにするなら、その本丸である会社が潰れてしまえば元も子もありません。遠慮をしたまま終わるくらいなら、伝えるべきことはしっかりと伝えたほうが、その後の人生に少しでも役立つかもしれません。

以来、私は社員たちに腹を割って言いたいことを伝え、仕事をどんどん任せるようにしました。

私だけではなく、社員にも未来に目を向けてほしかったので、私は毎朝、朝礼で今後10年間の夢を語りました。そして、やればできる、諦めねばきっと叶うと、伝え続けました。そう語り掛けるだけではなく、社員たちにも具体的な数字で目標設定をしてもらいました。

社員のことばかりを考えるようになると、それまで目を背けていた社員側の問題も浮かび上がってきました。経費の無駄遣いや、いいかげんな在庫管理、残業代の水増し、仕事の手抜きなど、父の代からの悪しき慣習がたくさんあり、それを常識として誰も疑わなくなっていたのです。赤字体質の原因の一つに、ようやく気づいた瞬間でした。

私が細かくメスを入れていったところ、すぐに改善できるところがいくつもありました。それでコストダウンを図ると、なんと年間およそ1億円もの経費の削減に成功したのです。今まで会社としてどれほどの金額を浪費していたのかと、私は恐ろしくなりました。

人への投資――新たな風よ、吹け

組織としても、管理職の側にあるベテラン社員や職人たちのなかには、いかに楽をして仕事をするかばかりを考え、それが部下にも悪影響を及ぼしているのも見て取れました。

ただ、入社してもう何十年もそうした慣習のもとで仕事をしてきている人々を根底から変えるのは、人生そのものの価値観を覆そうとするのにも似た行為であり、とてつもない時間と労力がかかります。

それよりも、組織に新たな風を入れ、古き慣習に縛られない人々の割合を増やしたいと私は思いました。15年先の未来のために、自分たちの会社を今、生まれ変わらせたい、そんな願いもあって、私はコストダウンで浮いてきたお金の多くを回し、数十年ぶりに新卒の採用を始めると決めました。債務超過の会社が新卒採用など前代未聞かもしれませんが、私としてはそうして未来にすがるしかなかったのです。正直、自らの決断が正しいのかまったく自信がありませんでした。

そうこうしているうちに仕事がゼロになるんじゃないか、もっと営業活動に力を入れたほうがいいのか、人への投資をするタイミングは果たして今なのか、そのお金があるなら設備投資に回したほうがいいのではないのか……。心が揺れぬ日は、一日たりともありませんでした。

自分自身のあり方に確信がもてなかったせいもあってか、すでに両親は会社にいないにもかかわらず、しょっちゅう悪夢にうなされました。

「俺たちを追い出しても、結局お前が、会社を潰すんじゃないか」

「ほらやっぱり、私たちがあってこそなのよ」

「俺を非難したくせに、口ほどにもないな」

「あなたはいつまで経っても、だめな息子のままね」

父と母は代わる代わる夢の中に現れては、私を責めます。私は毎晩びっしょりと寝汗をかき、時に大声を上げて飛び起きることもありました。そんなさなか、現実もまた、悪夢のような出来事に襲われました。

震災、そして特定建設業許可失効の危機でさらなる窮地に

2011年3月11日——。
その日は協力会社を集めた総会の日でした。私は会場に向かう車に乗っていましたが、そこで大きく頭が揺れたのを感じました。

それまで片頭痛に悩まされてきたのもあり、これはいよいよ脳梗塞かと、一瞬覚悟を決めましたが、その後揺れはおさまり、特に頭痛や身体の異変もありませんでした。

何が起きたか分からぬままに総会に出席し、テレビをつけた翌朝の４時に、私はようやく揺れの正体を知ることになります。最初は、何かのドラマを放映しているのかと思いました。しかしニュース番組のロゴがはっきりと映っています。

画面の中では、仙台港が、まるで爆撃でも受けたかのように赤く燃えていました。そうして東北を壊滅させたのは、戦闘機ではなく、地震と津波でした。

東日本大震災は、２万人以上の死者・行方不明者を出し、何十万棟もの建物を破壊し、東北地方を蹂躙《じゅうりん》しました。新潟県にも土砂災害などの被害が出て、駅では電車が止まり、人で溢れかえりました。ガソリンが不足し、建築業界も混乱しました。

大変な事態のなかで、ある商社から一本の電話が入りました。

「とんでもないことが起きました。これから必ず、建築業界の力が求められます。工場をできるだけ空けておいてください」

それを聞いて、私は自分には何ができるのかと考えました。そして担当者の言うとおり、日本が再び立ち上がり、前を向くには建築や鉄骨加工といった事業が不可欠であり、仕事をこなすほど復興が近づくという結論に至りました。そのためにも、まずは会社経営の屋台骨を立て直さねばなりません。

ただ、上越市では震災関連の仕事が一気に増えるようなことはありませんでした。相変わらず赤字や原価割れの物件ばかりしかなく、父と母の悪夢にうなされていました。

しかし被災地の人々に比べれば私の苦労など、たいした話ではありません。希望を失わず、前を向くしかない、当時の日本人の多くが感じていたように、私もまた暗闇のなかで未来への希望を必死に探していた時期でした。

結局、2011年も景気が戻ることはなく、私の会社も依然として苦しい状況が続きました。そして2012年には、新たに大きな壁が私の前に立ち現れてきました。その壁の存在を私が認識したのは、会社の現状を知る行政書士仲間のアドバイスからでした。

「そういえば、特定建設業の免許更新は大丈夫なのか？」

私はその言葉を聞いて、はっとしました。

建築業を行うのに必要な建築業許可には、一般建設業許可と特定建設業許可の2種類があります。一般建設業許可を取得すれば５００万円以上（建築一式の場合は１５００万円以上）の工事を請け負えるようになり、入札参加の申請も可能となります。自社で施工するのであれば、請け負う工事の金額に上限はありません。

一方の特定建設業許可は、元請けの立場となり４０００万円以上（当時）の仕事を下請け会社に出す場合に必要となります。この許可を取得していても当然、下請け工事や自社での施工も可能であり、一般建設業許可にできて特定建設業許可にできないことはなく、いわば「大は小を兼ねる」免許といえます。

そうして自由度が高い分、特定建設業許可は一般建設業許可に比べ、その取得要件が厳しくなっています。一般建設業許可を取得するための資産要件は、申請直前決算において自己資本が５００万円以上などといった一定の財産要件が必要ですが、特定建設業許可の場合は、さらに資本金が２０００万円以上、自己資金が４０００万円以上、欠損額が資本金の20％以下、流動比率が75％以上などといった厳しい条件を満たさなくてはいけません。

そして特定建設業許可は、５年に一度の免許更新の際にも、直前決算でこの資産要件を満たさねば、免許が更新できないのです。私の会社がこれまでのように地場のゼネコンとして総合建設業を手掛けるには、特定建設業許可の維持が大前提となりますが、債務超過の状態では当然ながら資産要件をクリアすることができませんでした。

更新時期は２０１５年でしたから、直前決算までにはほぼ2年しかありません。当時は純資産がマイナス７５００万円、自己資本比率が55・３％しかなく、それを期限内で改善するのは、誰もが不可能だと言いました。

次から次へと発生する問題に、息つく暇もありませんでした。私は３６５日盆暮れ正月、1日たりとも休まず、朝は4時には出社して、家にいても、食事をしていても、寝ていても、仕事のことだけを考えているような生活を送っていました。

そんな激務になぜ、ぼろぼろだった私の心身が耐えられたのかというと、やはり抑圧から解放されたことに尽きると思います。これからは、未来は自分次第、会社のあらゆる責任は自分にある、そう考えると身が引き締まり、新たな力が湧いてくるのを感じました。

第3章

東京進出で見えてきた一縷の光
大手ホテルチェーンに食い込み、売上拡大へ

将来を見据え、鉄骨加工業にシフト

幸いにも2012年には、バブル崩壊以降に地の底まで落ちていた総合建設業の単価が少しずつ回復し、また公共工事も好調で黒字が出やすくなりました。ここにきてようやく吹いた追い風によって、会社の財務状況も大きく改善されました。特定建設業許可の維持を意識してから1年半で、純資産はマイナス1100万円、流動比率は69・4%のところまで回復したのです。

ただし、許可の維持にはそれでもまだ足りません。財務要件を満たすには、純資産と資本金を増やす必要がありました。そこで私がとった戦略は、大きく2つです。

まず、私たちの会社の一部であった安塚工場を独立させて子会社化しました。そこに機材などを売却し、利益を上げて純資産を増やしました。

実はこのプランは、以前から頭にあったことでした。そうして新たに社長を作り、後継者候補を育てたかったのです。

経営者というのは、なってみなければ分からないことが非常に多くあるというのが私の実感です。トップに立つと求められる要件が大きく変わります。いくら優秀な社員であっても、すぐに優秀な経営者にはなれないものです。実際に経営の道を歩くしか成長の方法はないと私は考えています。だからこそ、私以外に社長を作りたかったのです。

２つ目は、戦略と呼べるほどのものか分かりませんが、あらゆるつてを頼ってお金を借り、資本金を2倍にしました。債務超過に陥った会社など、当然ながらほとんどの金融機関から相手にされず、長期借り入れも止められた状況でした。しかしそんななかで唯一、相談に乗ってくれたのが、地元の信用金庫でした。

担当者に対し、私には説得材料が何もありませんでした。ただひたすらにサトウ産業という会社および社員への思い、そして未来への希望を語ることしかできませんでした。

「どうでしょう、なんとか融資をお願いできませんか」

悲痛な顔で頼み込む私を、担当者はじっと見ていました。

金融機関は、慈善事業ではありません。確実に利益があがるだろうと見込んで融資をするわけで、その材料が乏しいなら基本的にはお金など出さないものです。しかしその担当者は違いました。彼はふうっと息を吐きだし、言いました。

「分かりました。私は事業ではなく、あなたの人間性に、お金を出したいと思います」

そうして会社ではなく私個人への融資という形で、まずは400万円貸してくれ、さらに本社工場に導入する溶接ロボットの購入代金2000万円も用立ててくれたのでした。私はその機械を会社に貸し付け、リース料をもらうことで相殺していくプランでした。それにより、もともと5000万円だった資本金に2400万円が加わりました。

もしここで、信用金庫の担当者が私個人を信用し、お金を貸してくれなかったなら、私の会社は特定建設業許可が維持できず、その後の総合建設業の仕事が受けられなくなって、倒産していたかもしれません。この恩は一生忘れない、私は強くそう思いました。

なお資本金については、あとは私を支援してくれる友人たちのもとを回って借金をし、2600万円を会社にいれて合計を1億円まで増やすことができました。

そうした戦略に加え、耐震改修工事など地元での総合建設業の需要も生まれ、業績は2014年にかけさらに回復してきたのも大きかったです。結果として会社の債務超過はこの年で解消し、次年度はさらに純資産をプラスにもっていくことができ、無事に特定建設業許可を維持できたのでした。

ここでようやく私は、個人としても経営者としても暗闇を脱しかかっていたのですが、まったく安心はせず、むしろ新たな危機感をもっていました。

地元で展開する総合建設業については確かに価格が戻っていましたが、それを押し上げる要因となった耐震改修工事は、長くても5年経てば一段落するように思えました。地方都市である上越市では、地元経済は残念ながら縮小してきており、少子高齢化の影響も鑑みればそう遠くない将来、建設市場が先細りすると感じていました。

頼みの綱である公共工事は依然好調でしたが、こちらも先細りするのが見えていました。公共工事はある程度の長期スパンで進められるものがほとんどであり、建て替えや改修など周期的な案件もありますから、5年先、10年先の需要は比較的読みやすいものです。２０１１年の時点で業界紙に掲載された、今後10年の公共事業の発注予想を見ると、地域での公共工事が明らかに減っていくと示されていました。

たとえ今は順調でも、これから10年先には総合建設業の仕事がなくなるだろうと私は考えました。本来であれば、勝手知ったる地元で元請けとして仕事ができる総合建設業を拡大していきたいところでしたが、その道で生き残っていくイメージが何度考えても浮かびませんでした。

そうして常に未来を見る癖がついたのは絶望の時代に得た大きな財産でした。では、どのようにして社員たちを守っていけばいいのか、できることはたった一つしかありませんでした。

鉄骨加工業の拡大——。

それこそが、私の会社の未来に残された唯一の道でした。鉄骨加工は下請け産業であり、しかも鋼材の相場は、10年に一度しかいい時期が来ないといわれるほど景気が安定しない業界でした。これまでは総合建設業と両輪でやってきたからこそ、鉄骨加工が低迷する時期にも建設業でその赤字を埋め、いい時期に一気に稼いで元を取るという事業展開ができたのです。

したがって鉄骨加工業の比率を高めるというのは、大きなリスクを伴う判断といえましたが、かといって新たな事業領域を開拓し、新設備を整えるような余裕などまったくなく、今あるもので利益を出すには、いばらの道を選ぶしかなかったというのが正直なところです。そうと決まれば、未来に向けて一刻も早く動き出さねばなりません。
私は再び、鉄骨加工業の市場が広がる大都市、東京で勝負しようと決意したのです。

絶え間ない設備投資で、加工能力を向上

鉄骨加工業の拡大にあたって求められるのが設備投資です。一日にどれだけの鉄骨を加工できるか、その能力によって売上の最大値が決まります。今よりも加工能力を上げたいなら、加工機械への投資はもちろん、資材置き場も併せて拡張しなければいけません。

こうした設備投資は、振り返れば債務超過に陥った年から始めていました。２０１１年には雪が解け切った4月から資材置き場を拡張しました。その土地はもともと田んぼだったところで、土が軟らかく雨が降ればぬかるみました。そのままだと重量のある鉄骨を置いた際に沈み込んでしまいかねませんから、コンクリートを使って地盤を固くしました。ただ、お金がなかったので、地元の土建屋さんから廃棄する予定のコンクリートを引き取

るなど工夫して工事を進めました。

鉄骨加工業に軸足をおくと決めてからは、さらなる自動化に舵を切りました。２０１２年の年末には、本社の中に10トンの大型鉄骨でも吊り上げられる門型クレーンを設置しました。その後も毎年、新たな設備の導入を続け、会社の風景は見る間に変わっていきました。

設備投資は、需要が増えたからと一気に行ったところで、いきなり加工量を急増させることはできません。鉄骨でいうなら、それまで１日３００トンの加工量であったところから１０００トンこなせる設備をまとめて導入しても、いきなり１０００トンの加工量にはならないのです。なぜなら設備を使いこなすには経験が必要だからです。設備投資においては、こまめに投資して設備を継ぎ足し、経験を積みながら進んでいくというのが正しいやり方であると私は考えています。そのほうが仕事が減った際のリスクも少なくて済みます。

このように拡大を進めていった背景には、実は運命的ともいえる一つの出会いがありました。

時計の針は２００９年までさかのぼります。リーマンショック直後であらゆる値が落ちていくなか、私は少しでも仕事を取って工場の赤字を埋めようと、必死に首都圏への営業活動を行っていました。

そんななかで巡り合ったのがＴ社でした。Ｔ社は、主に鉄骨建築工事を請けているオーナー系の商社です。私の営業先候補にもＴ社の名がありました。

初めてＴ社へと足を運んだのは夏の暑い盛りでした。

私が生まれ育った新潟は大雪が降る北国の印象が強い県ですが、夏の暑さもまた厳しく、最高気温は東京とさほど変わりません。しかしそれでも東京に来るたび私はその暑さに驚き、あっという間に汗だくになります。アスファルトやコンクリートが蓄えた熱気が皮膚を焼き、風までも生ぬるく変えている都心部の暑さは独特で、新潟ではなかなか体験しないものだからです。

その日も空には雲一つなく、太陽がまるで人を打ちのめそうとするかのように強く輝き、じりじりとした熱波を絶え間なく地上へと送ってきていました。

地下鉄の駅から地上へ出た私は、一気に汗が噴き出すのを感じながら、靴底が溶けそうなほどに熱されたアスファルトを踏みしめてT社へと向かいました。

T社に近づくと、わずかに吹く風がどこか柔らかくなったように感じました。先を見れば都心には似つかわしくない巨大な庭園が見え、こんもりと木が生い茂っていました。T社のビルはその庭園のそばにありました。

ビルに入り受付を済ませると、すぐに建設部の部長が現れて私を社長室へと案内してくれました。そして三者で和やかに仕事の話をしていくなかで、都心の再開発に話題が及びました。

「そういえば高田馬場のあたりも、ずいぶん変わりましたね」

私がしみじみとそう言うと社長と部長は深くうなずきました。

「佐藤さんは、高田馬場にお詳しいのですか」

何気なく社長が言い、今度は私がうなずく番でした。

「はい、大学時代を過ごした場所でして」

すると社長と部長は顔を見合わせてから、部長が口を開きました。

「もしや早稲田大学ですか」

「はい、そのとおりです」

「おお、実は我々も、早稲田なんですよ！」

二人とも私の先輩であるという事実が明らかになった途端、私たちは仕事の話を切り上げ、その足で高田馬場へと繰り出しました。そしてまだ日が落ちぬうちから営業している焼き鳥屋に入り、冷たいビールでのどを潤しながら、それぞれの大学時代の思い出話に花を咲かせたのでした。

ついに食い込んだ、大手チェーンによる高層ホテル建設

いくら大学の同窓生であっても、それだけで仕事が取れるほど世の中は甘くありません。確かにT社の二人とは個人的に打ち解けられましたが、だからといって一緒に仕事をすべきかどうかはまた別の話です。

T社はその頃、高層ビルのようなより大きな物件へと進出する足掛かりを築きつつあり

ましたが、協力してくれる工場をもっていませんでした。一方の私の会社は、設備や工場はあっても仕事がない状況であり、互いのニーズがマッチしていました。タイミングとしても運命的だったといえます。

Ｔ社の案件を本格的に手掛けるようになったのは２０１２年からでしたが、実はその前に伏線となる出来事がありました。

それは２０１１年の東日本大震災です。震災発生時、Ｔ社は港に1万トンもの鋼材を降ろしたところでした。そのすべてが流されて数億円単位の損害が発生し、経営が一気に厳しくなったといいます。

「あのときは、本当に会社がなくなると思った。苦しかったなあ。だから佐藤さんの気持ちはよく分かる」

リーマンショックの余波で窮地に追い込まれ、すでに債務超過に陥っていたとき、Ｔ社の社長はそう言って私にチャンスをくれました。それこそが大手ホテルチェーンが手掛ける高層ホテルの鉄骨加工でした。

実はＴ社としても高層ビル自体担当するのが初めてであり、大きなチャレンジであったと思います。そのパートナーとして私の会社を選んでくれたのは、社長の心意気があったからこそです。

ただし高層ビル事業はどの事業者でも参入できるわけではなく、手掛けるには高い技術力が求められ、事前に国から相応の認定を受ける必要があります。

鉄骨加工事業者が作った鉄骨について、国土交通省の認可を受けた外部機関がその性能に見合った評価を行うこの制度を工場認定制度といいます。２０００年に行われた建築基準法の改正により、建築鉄骨溶接部の性能について「Ｓ・Ｈ・Ｍ・Ｒ・Ｊ」の５段階に分けられていた工場認定性能の評価区分はより厳格になりました。

事業者は新工場認定制度に則り、自らの評価に合った規模の仕事しか引き受けることができません。例えばＪグレードでは、延べ床面積５００平方メートル以下、高さも13メートル以下、使用する鋼材の板厚は16ミリ以下と、できる業務に制限がかかるため、小さな建物しか担当できません。それがＲグレードになると延べ床面積３０００平方メートル、高さ20メートル、板厚は25ミリ以下まで許可され、さらにＭグレードなら延べ床面積も高さも制限なし、板厚は40ミリ以下まで建てられるというようにステップアップしていきます。最高峰であるSグレードなら、ほぼなんの制限もなくあらゆる仕事を引き受けることができますが、当然ながらその認定基準は群を抜いて厳しくなっています。ちなみにSグレードの認定を受けているのは、全国で約２２００社ある鉄骨加工業者のなかで15社のみと、取得率は１％にも届きません。それに次ぐHグレードも約２３０社で、取得率10％ほどの狭き門です。

上に伸びる仕事に商機あり

高層ビルの鉄骨を請け負うとなると、高さ制限が外れるMグレードの認定を受けているのが最低限の条件です。実際には設計事務所から、「業者はHグレード以上で」などと指定が入ることがよくあり、東京で仕事をするならMグレードだと心もとないというのが私の判断でした。

そうした背景もあり、私の会社では２０１０年頃からHグレードの取得へ向けて動き始め、およそ1年でその認定を受けることができました。それもまたT社のパートナーに選ばれた理由の一つです。

とはいえ、実際に初めて高層ビルを手掛けるとなるとやはり心配もありました。仮に鉄骨の寸法が1メートルごとに1ミリ狂えば、１００メートルの上空では10センチも建物が傾くことになります。平屋や２階建て、３階建ての建物であれば、すぐに解体してやり直せる可能性がありますが、高層ビルだとそう簡単にはいきませんから、ミスをした際の損害賠償の額も膨らみやすいといえます。そのリスクを背負い、精度の高い鉄骨をしっかりと納めていけるか、最初は不安に感じました。

ちなみに多くのファブリケーターは、高層ビルのような上に伸びる仕事を避ける傾向があります。その理由は、求められる技術が高く、ミスをした際の代償が大きいのにもかかわらず、プロジェクトが基本的には長期にわたり、その都度発注される鉄骨のボリュームも小さいからです。それよりも、工期が短くかつまとまった発注が見込める、例えば大きな流通倉庫の建設のような横に伸びる仕事を優先して受けるファブリケーターが多いと思います。

ただ、短期決戦で社内のすべての資源を使わねばできないようなボリュームの案件を引き受ければ、その期間は当然ながらかかりきりになり、ほかの物件に手が付けられません。一つが終われば次、また次と仕事がつながればいいのですが、現実は次の案件を受注するまでの間にタイムラグが発生することはよくあり、そのあたりも鉄骨加工業がギャンブル性が高いといわれる一つの要因になっていると感じます。

では鉄骨加工業で収入をある程度安定させる方法はないかというと、実はそれこそが高層ビルなのです。

上に伸びる仕事は、技術力が求められる分、付加価値が高く、リスクに見合った利益は上がりやすくなります。プロジェクトが長期で一度の発注のボリュームが少ないのも、見方を変えれば少量ながら安定して仕事があるということにほかなりません。複数の案件を同時にこなせば、仕事が途切れない状態を作れます。

そしてまた、上に伸びる仕事は建物の設計段階から入念な準備が行われるもので、方針が固まれば大きく工期が遅れることは少ないです。仮に工事が止まったとき、一つの物件しかやっていなかったら自社の工場すべてが開店休業状態に陥ります。それを避けるうえでも複数の案件を並行して手掛けられるというのがメリットとなります。自社がしっかりと納期を守りさえすれば、上に伸びる仕事のほうがトラブルが起きる確率は低いというのが、過去に大規模商業施設の建設に関わって痛い目を見た私の結論です。

そんな戦略から、私は同業他社が避けたがる「上に伸びる仕事」を積極的に受けることにしたのです。その入り口を作ってくれたのがT社であり、大手ホテルチェーンの高層ビル建設プロジェクトでした。

東京オリンピックが生んだ、インバウンド需要

私が経営の軸足を本格的に鉄骨加工事業へと移し始めた２０１２年には、リーマンショック後に底を打った建設業界の景気はようやく回復に転じていました。

そしてその後、矢継ぎ早に追い風が吹き、景気は右肩上がりで良くなっていきます。

まず２０１２年12月に発足した第二次安倍内閣により、「アベノミクス」と称される経

済政策が打ち出されました。「大胆な金融政策」「機動的な財政政策」「成長戦略」という3本の矢を掲げ、物価が下がるデフレからの脱却と持続的な経済成長を目指したこの政策の恩恵は、次第に地方の建設業にも広がっていきます。具体的には、成長戦略の一環として行われた住宅ローン減税制度や給付金などにより、住宅建設の需要が高まっていったのです。

さらに2013年には東京オリンピックの開催が決定し、それに伴うインバウンドを見込んで、東京周辺ではホテルの建設ラッシュが始まりました。私の会社もファブリケーターとしてその景気の波にうまく乗ることができ、高層ビルの鉄骨加工をどんどん手掛けていきました。そうしたなかで、高層100メートル、150メートルといった、Sグレードクラスの仕事にも挑戦する機会が幾度かありました。

4大ゼネコンが取り仕切り、Sグレードの鉄骨加工業者も参加するような案件は、仕事のやり方や考え方が一般的な建設現場とはまるで違いました。徹底的に細かな計画、日本最高峰の建築技術、そして最高品質の鉄骨加工技術など、すべてが超一流で学ぶべきことが山のようにありました。

それらを吸収し、私の会社でもＳグレードを目指そうと考えたこともありましたが、結局私はあえてＨグレードにとどまるという選択をしました。

Ｓグレードを取得し、維持していくためには、認定や更新のための試験を受けねばならず多大な労力がかかります。仮に無事、Ｓグレードを取得したとしても、昔から超高層ビルや大空間建設を手掛けてきている有名ファブリケーターたちにすぐ肩を並べられるはずもなく、いわばＳグレード認定の業者の最下層からスタートして実績を積んでいくことになります。また、Ｓグレードの事業者のなかで戦っていくには、最新鋭の設備は不可欠です。品質で勝負するなら最後は設備の導入合戦となるのは目に見えています。

いずれそうした領域に進出する可能性はあるにせよ、このときの私の会社はまだ高層ビルのキャリアを積み始めたばかりでしたから、背伸びをしてまでＳグレードに食い込む必要性はありませんでした。Ｈグレード認定の技術と品質があれば、高層ホテル建設という主戦場では十二分に戦っていけました。ですからＳグレードの最下層にいるよりも、Ｈグレードのトップにいたほうが、より多く仕事がきて利益が上がるだろうというのが最終的な私の判断でした。

なお、景気が順調に回復しているとはいえ、鋼材の値段は大きく変動するのが常であり、そのリスクを自社で引き受けようとすれば、儲かるときは儲かるけれど、だめになったら途端に赤字が出るというギャンブル性の高い事業となります。

鉄骨加工を事業の主体とするなら、このリスクをできるかぎり回避する必要がありました。そこで私がとったのは、商社鉄骨物件に特化し、材料は有償支給とさせてもらうことにより、材料費の変動リスクを極力抑える方策です。

景気好転の追い風に加え、このような経営判断と工夫が幸いにもうまく機能して会社の売上は拡大し、鉄骨加工業へのシフトが順調に進んでいきました。

ようやく窮地を脱し、会社の経営は、ついに軌道に乗ったのでした。

事業の80%を首都圏に移行

私は相変わらず毎日深夜まで働き、朝は誰よりも早く出社する生活を続けていましたが、ふと気づけば、父と母の悪夢を見ることがなくなっていました。不思議なもので、あれほど悩んだ体調不良も、会社の成長とともに次第に軽くなっていきました。

一方で、私は苦しかった時代に抱いた、経営への思いだけは変わらず胸に刻んでいました。

会社の希望の担い手は社長でも設備でもなく、人である。

暗闇のなかにいる私を見放さずお家騒動があっても、債務超過になっても、会社に居残り続けてくれた社員たちのために私は生きていく。

彼らの未来をより良くするために、自らのすべてを捧げよう。そんなあの日の誓いを、私は片時も忘れたことはありません。

経営状況に回復の兆しが見られるようになって私がすぐに行ったのは、社員たちの賞与と給与のベースアップでした。

給与、年収については、能力とやる気があれば学歴に関係なく、入社2年目からは地元の平均年収を大幅に上回る賃金体系としました。また終身雇用を前提として、退職慰労金の積み立ては全額会社負担としました。倍額ですから負担は増します。しかし、やらなくてはならないと思って実行したのです。

債務超過の時代から取り組んできた新卒採用も毎年続け、古き慣習にとらわれることなく私の思いや考え方を受け継いでくれる若い社員たちも、どんどん増えていきました。

2014年前後から、社内研修をはじめとした社員教育を本格的に始動させ、2015年の新卒採用者の幹部候補生からは、2年間にわたって東京の専門学校に通う機会を設けるなど、新たな社員育成プログラムを取り入れながら、試行錯誤してきました。

そうして組織が生まれ変わっていく一方で、課題も出てきました。それは、熟練工の不足です。

もともと私の会社には熟練工の数が少なかったのですが、鉄骨加工業に軸足を移したのちも、新たな熟練工となかなか巡り合えずに、若い社員だけではこなせぬ仕事を外注せざるを得ない状況が続きました。

それを補うために、私はロボットをはじめとした最新鋭の加工設備の導入を推進しました。若い社員の技術不足をロボットの活用で埋め、生産性を高め、品質を担保したのです。同業他社に比べ、ロボットの導入はずいぶん早かったと思いますが、その裏には熟練工の不足という事情があったからです。結果としてこの設備投資のおかげで、超高層ビルのようなレベルの高い案件までこなせるようになり、仕事の幅が広がりました。

この頃には、会社の事業のおよそ80％は鉄骨加工事業となり、営業の主戦場は首都圏へと移っていました。

ファブリケーターとしての東京再進出が成功したのも、お金がない時代から半ば無理をして設備投資を行ってきたからであると今は思います。

悔しさをバネにして

２０１６年に入り、私の会社には高層ビルの鉄骨加工以外にもさまざまな仕事が来るようになっていました。

そのなかの一つに、とある病院の建設プロジェクトがありました。この仕事は、小売り、建設、貿易まで幅広く手掛ける上場会社から依頼を受けたものでした。その会社では鉄骨加工事業も行っていましたが、規模の大きな仕事は同業者と分け合ってこなしており、私の会社もそのパートナーに選んでもらったという経緯があります。

病院の建設には、２０００トン以上もの鉄骨が必要となり、会社が始まって以来、最重量の物件でした。この時期には、そのほかにも重量級の物件が２つ重なり、仕事量はすでにそれまでの限界を超えていました。社員にとっても私にとっても試練の時でした。

私は社員に対し、社運をかけて取り組もう、やれると信じていると繰り返し語りかけていましたが、その心中は穏やかではありませんでした。

病院はいわゆる横に伸びる仕事であり、過去に大規模商業施設の建設で痛い思いをしたことが昨日のことのように思い出されたのです。

そのときは施工図が完成せぬまままただ時が流れ、ようやく上がってきたときにはすでに時間切れで、それでもなんとか早く仕上げようと言い値で外注に回したため、利益はまったく残りませんでした。そのうえ工期の遅れを私の会社のせいにされ、悔しい思いをしました。

しかし、今の私の会社は、もはや昔とは違います。

大規模商業施設で経験した建物の鉄骨量の２倍もの重量を誇り、求められる品質レベルもけた違いに高く、さらに加工期間も短い病院の仕事を受けることができたのが、なによりの証拠です。

試練は人を成長させる

戦闘準備は整っていました。本社工場にはすでに製品ヤードが作られ、10トンの橋型クレーンが稼働し、溶接ロボットが３台並んでいたところに、さらに第二ヤードとクレーンを増設したばかりでした。しかしそれらの設備をもってしても、仕事をこなせるかどうかは未知数でした。

２０１６年９月になると製品ヤードは鉄骨でびっしりと埋め尽くされました。私も社員たちもほぼ不眠不休で作業に当たったのですが、いくらやっても終わりが見えません。私自身もくじけそうになった瞬間が何度もありました。社員たちは時に「もう嫌だ」と叫び、夢遊病者のようになりながら仕事をしていました。

絶対に諦めてはだめだ、やりきらなければならない。私はそう言い続け、自らを鼓舞しました。社員たちもまた、投げ出したくなるのを懸命にこらえて、毎日鉄骨と向き合っていたと思います。

結果として製品は無事に仕上がり、なんとか期限内に納めることができました。まさに社員が一丸となって試練を切り抜けたのです。先輩の後ろ姿を見て、同期が頑張る姿に鼓舞され、大仕事をやり抜いた、そんな社員たちを前に私は思わず目頭が熱くなりました。すべての社員を誇りに思い、良い仲間と出会えたことに深く感謝しました。

そのときを境に、社員たちの顔には明らかに自信がみなぎるようになりました。試練は人を成長させる、私は改めてそう感じました。

そしてそこでふっと、自らの過去に思いをはせました。わずか数年前まで私は事業承継という人生最大の試練の真っただ中にありました。何度も会社を辞めようと考え、もう死んでしまいたい、消えてしまいたいと、いつも思っていました。心を病み、身体もぼろぼろで、いつ倒れてもおかしくありませんでした。しかしそれでも私は、ぎりぎりのところで踏みとどまりました。諦めず、投げ出さず、生き抜きました。あの暗闇の時代に、果たして私は成長できたのだろうか、未来への希望にすがるしかなかった過去の自分に対し、今胸を張れるのか、その問いに対する一つの答えこそが、目の前にある社員たちの誇らしげな顔であるように思えました。

攻めの設備投資で、未来が拓けた

それからも、会社の経営は順調に推移していきました。２０１７年に入ってからは、ビームワーカーや複合機といった工作機械を新たに導入し、小さな部品の加工ができるよう設備を整えました。ファブリケーター業界において、Ｈグレードの認定を受け何千トンもの鉄骨加工をこなす私の会社のような規模では、付帯工事として請け負う小さな部品の加工は外注に回すのが一般的です。

外注先となるのは、金属加工を手掛ける小さな鍛冶屋など、零細企業や個人事業主が多いのですが、そうしたところは昔ながらの手作業で加工を行っているところがよくありました。加工賃も、キロいくらで算出せず、作業者一人あたりいくらという値付けで、しかも値段が会社ごとに大きく違います。このばらつきに加え、納期についてもまちまちで、時に間に合わないことさえありました。

それでも外注するファブリケーターがあとを絶たないのは、小物の加工がそれだけ手が掛かるからにほかなりません。しかし、そうして人が面倒がる部分にこそ、利益が隠れているものです。

一度投資をして機械をそろえ、内製化してしまえば、以降は高くついていた外注費が発生しなくなります。また、加工賃をキロいくらと明確に設定し、自動ですばやく加工できるようにすれば、発注する側としては昔ながらのやり方をしている業者に頼むよりははるかに安心ですから、小物加工自体が仕事になるはずです。

この目論見は当たり、機械を導入してからはさらに利益が残るようになりました。それに加え、２０１７年度は相変わらず高層ホテルの建設が続き、依頼は増える一方でした。人材も育ちつつあり、生産性もぐっと上がってきました。これまで積み上げてきたことが、ここでようやく実を結んだのです。

会社はさらに飛躍し、前年度は売上約14億円、経常利益約５１００万円だった業績が、売上約22億円、経常利益約1億７０００万円にまで伸びました。

鋼材が所狭しと置かれ、その間を社員たちが飛び回っている、活気ある工場の様子を眺めながら、30年前に、若き日の自分が下した決断はきっと間違ってはいなかったのだ、両親との確執も、度重なる苦境も、すべてはこの未来につながる一本の道であったのだ――そう思えました。

ここで私はようやく、自分の心に巣くっていた後悔や絶望感と決別し、人生を前に進めることができたのでした。

第4章

会社は「継いで終わり」ではない――
苦難の事業承継があったからこそ
たどり着いた現在地

頭に浮かんだ、夢物語

2019年8月——。

真夏日が続き、その日も朝からむわっとした熱気が地面から立ち上ってきていました。私はすでに汗ばんだワイシャツの袖をまくり上げ、新聞を読んでいると、一つの記事が何気なく目に入りました。そこには、隣町にある会社が新潟県で初めて、東京プロマーケットに上場したと書かれていました。

「プロマーケット……そんな市場があるんだな」

私はそこで初めて一般株式市場とは違った市場の存在を知り、俄然興味が湧きました。

調べてみると東京プロマーケットは、東京証券取引所が運営している株式市場の一つでした。プライム市場やスタンダード市場といった一般株式市場が一般の投資家向けであるのに対し、東京プロマーケットはプロ投資家のみが株式の取引を行える市場となっています。プロ投資家とは、金融商品取引法で定められている投資家の区分であり、金融商品（株式）に対する十分な知識、経験、資産、そして危機管理能力があると認められた人のことです。そうした専門家だけが投資できるという特性上、東京プロマーケット市場では、一般株式市場に比べれば上場基準や上場維持基準が柔軟に設定されており、参画を希望する企業の上場へのハードルが低くなっているのが特徴でした。

私はふと思いました。もしかすると、私でも手が届くかもしれない――はっと我に返り、いったい何を考えているのか、上場などまだまだ夢物語だろうと自分を戒めましたが、一度浮かんだ考えはその後消えることなく私の脳裏に居座り続けました。

株式市場への上場は多くの経営者にとっての夢であり、一つの到達地点です。私もまた例外ではなく、上場に憧れをもっていました。

そうした自らの思いに加え、上場企業となったあと、サトウ産業の名のもとに誇りをもって仕事をしている社員の顔が思い浮かんでしまったところで、もう後戻りができなくなりました。

そこから私は上場に向けて走り出すことになります。

とはいえ最初は右も左も分かりません。折よく営業に来ていたM&Aのコンサルティング会社の担当者にそれとなく尋ねたところ、ちょうど上場に関するセミナーがあるというので、試しに参加してみました。

２０２１年の年始に改めて話を聞きに行き、その方針や思いに納得できたため、私はそのコンサルティング会社とともに上場を目指すことを決めました。ちなみに私の会社は、そのコンサルティング会社が上場させるために直接契約した初めての会社です。そして２０２１年の１月末より、ついに上場に向けて具体的に動き出しました。

ＩＳＯ９００１取得時の経験が、財産となった

私は何か事を起こそうとするとき、仕事が成就した完成形、具体的なシーンを頭に描きます。今回は上場したあとの祝賀会のシーンでした。会場はどこで、来賓に誰を呼んで、何人が集まり、祝辞は誰に任せるか――実はこのときからイメージしていました。完成形を何回も反芻し、何回も頭のなかで予行演習をやっているのです。ですから実際にそのと

きになると、それなりにうまくやれるのです。果たして上場できるのか、徒労に終わるのではないかといったネガティブなことはいっさい考えませんでした。

上場を目指すうえでまず変えねばならなかったのが決算のやり方でした。非上場の中小企業において、決算はほとんどの場合、税務を基準とした財務諸表が作られています。税務基準とは、税務上の費用（損金）や収益（益金）として認められるか否かといった点を基準に経理処理することを指します。私の会社でも、それまでは税務基準で決算を行っていました。

しかし上場企業では、会社の実態を映し出す会計基準によって決算を行うことになっており、上場審査にあたってもそれが求められます。決算期には会計基準で財務諸表を作成し、株主や債権者といった企業の利害関係者に、経営成績や財政状態を報告する義務があるためです。税務基準か会計基準かで、財務諸表の数字は大きく異なりますから、移行するには多大な労力がかかります。

幸いにも私の場合、どんぶり勘定で行われていた経理をなんとかすべく、２０１０年頃から独自で会計基準に近い概念を用いてきたため、さほど抵抗なく会計基準を導入できたのですが、それでも一部には新たなシステムを導入する必要がありました。

例えば業務管理においては、それまでトンやキロといった単位でしか行っていなかったところから、一工程あたりの価格や進捗率まで含めて管理するシステムへと変えました。同じ10トンを加工する仕事であっても、10トンの柱1本なのか、1000キロの柱10本なのかでかかる工数はまったく違ってきます。そうして一本あたりの単価まで細かく割り出さねば、会社の現状や実態は見えてこないのです。

そのほかにもさまざまなハードルがあったのですが、それを一つずつ越えていくためにとても役立ったのが、2000年に社内改革の一環として取得した、ISO9001品質管理システムにおける物事の考え方でした。

作業マニュアルの作成や品質管理方法の改善など、ISO9001の取得のために必要であった組織改革の工程には、上場準備で求められる工程と共通する部分が多々ありました。そのおかげで専属のコンサルタントや経理を雇わずとも、自らの手でスムーズに上場準備を進めていくことができました。

思いがけない吉報

上場を目指していたさなか、新潟県が経済産業省の選定する「地域未来牽引企業」として、私の会社を推挙してくれるといううれしいニュースが届きました。

「地域未来牽引企業」とは、文字どおり地域経済を牽引する担い手となり得る企業のことです。地域経済への影響力が大きく、今後も成長が見込まれ、地域経済のバリューチェーンの中心的な担い手であるという位置づけで、全国で約4700社が選定されています。そしてこれらの企業に対しては、「地域未来投資促進法」などの関連支援施策が措置されます。

地域未来牽引企業は「高い付加価値を創出していること等の企業情報のデータベースに基づく定量的な指標」「自治体や商工団体、金融機関等の関係者からの今後の地域経済への貢献等が期待される企業の推薦」という2つの方法により、外部有識者委員会の検討を踏まえたうえで選定されています。

選ばれた企業の事業領域を見ると、製造業、農林水産業、観光、サービス、卸売、地域商社など多岐にわたり、形態も中堅やベンチャー、先進企業などさまざまです。そうして総合的に、地域としての稼ぐ力を強めていこうという期待が込められています。

この頃は上場準備が目まぐるしい忙しさであったのに加え、新型コロナウイルスが猛威を振るい、建設業界の景気は落ち込んでいました。先行きの不透明さに、私のような中小企業の経営者の多くは不安を抱えていたと思います。

当時の経済産業大臣は、地域未来牽引企業選定の意義について次のように述べています。

地方創生大臣をしていた当時から、地方創生には、「しごと」が重要で、魅力的な「しごと」がないと「ひと」も根付かない、また、「まち」のにぎわいも出てこないと考えています。地域経済の中心的な担い手であり、地域の「しごと」を牽引している「地域未来牽引企業」の皆様に、地域経済の未来がかかっているといっても過言ではありません。

地域の中で育んでこられた技術や知恵などに磨きをかけて、国内外で新しい需要を創出し、その果実を地域社会にもたらすことができれば、地域経済の成長につながります。そうした大きな期待を込めて、選定しています。先陣を切って果敢に取り組みを進めることで、地域の回復・成長に向けた道筋が開かれることを、心より期待しています。

（コメントの一部を抜粋）

２０２０年に選ばれたのは、新潟県全体で40社で、県の全事業者のおよそ0・１％に過ぎない数字です。そんな栄誉ある肩書を、私の会社がいただいてもいいものか、場違いではないのかと、おろおろと戸惑う自分がいる一方で、自らが人生を賭してやってきたことが評価された喜びはひとしおでした。

これからは、より社会にとって、地域にとって役立つ会社にしていこう、私はそう心を新たにして、いよいよ上場準備に邁進していきました。

そして１年後の２０２１年10月14日、運命の瞬間が訪れました。上場準備としては最短距離といえる時間で、私の会社はついに東京プロマーケットへの上場を成し遂げたのです。

私はそのときの気持ちを文章にまとめ、社内報に掲載しました。

（前略）

２０２１年10月14日

「ＳＴＯＣＫＶＯＩＣＥ」というlive番組で投資家のみなさんに宛ててこう述べました。

「当社に集う社員のみなさんが頑張ってきてくれたおかげで、今日までサトウ産業は存続してこられました。今日上場セレモニーに臨むことができました。まずは社員の生活を守ります。社員を幸せにします。幸せにするためにサトウ産業をいい会社にします。その先に投資家のみなさんがいらっしゃると信じます。

私自身、サトウ産業が10年20年30年後、どうなっているのかとても楽しみです。未来に大きな可能性を秘めたサトウ産業にぜひご興味を持って頂き、投資して頂ければ幸いです。これからもご注目ください。よろしくお願いします。」と。

また、企業はこうも言われます。「企業は継続」（going concern）。企業は社会の公器としての責任を果たすために、継続していかなくてはならないということです。私にとって今日（2021.10.14）という日は、ある意味「集大成」、ある意味これから継続して成長していくための単なる「通過点」です。30年後のサトウ産業を想像して明日からいつも通りの生活に戻ります。
みなさんありがとう。そして、おめでとう。
投稿日｜2021.10.18

上場後、会社の玄関から2階へ続く階段や廊下には、50鉢を超える花が並び、彩りを添えてくれました。人生でこれほどたくさんの花をもらったことは初めてで、もうおそらく一生ないと思います。柔らかく美しい色彩を輝かせ、優しい香りを放つ花々を一つひとつ、私は愛で、その後ろに私の会社を応援してくれた人々の顔を思い浮かべました。そして、これほど多くの方たちに支えられ、生かされてきたという幸せを噛み締めました。

上場報告会の挨拶で、私は感謝の気持ちを何度も繰り返し述べました。しかし私は、心からの感謝の気持ちとは、実際に言葉では伝えきれないほどのものであり、言葉とは所詮気持ちのほんの一部を伝えているに過ぎないこと、そして相手に感謝を表すには行動で示すしかないことを、このとき身をもって理解しました。

上場後、社員たちに私は、上場企業は社会の公器、君たちは上場企業の社員である、昨日までとは違うのだ、そう伝えました。これは自分自身の戒めでもありました。

社会の公器としての責任を果たすため、上場企業はできる限り長く存続していかねばなりません。経営者にとって、上場はこれまでの集大成ではありますが、それと同時に未来への新たな責任を背負う日でもあります。

私の会社もまた、この先もずっとこの世に存続し、役割を果たし続けていかねばならず、上場はその意味で通過点に過ぎません。

気持ちはいまだ夢のなかにあり、ふわふわとした感覚でしたが、すぐにまた現実が戻ってきます。コロナ禍にあり、私の会社の経営も予断を許さない状況です。私は今後も、浮つかず地に足をつけて経営をしていこうと心に誓いました。

10年前の自分を振り返り、10年後の未来を描く

2011年に債務超過に陥ったときは、まさか私の会社が上場企業になるなど想像もし

ていませんでした。しかし、復活を誓ったその日から上場への道を歩んでいたのです。

２０１２年８月には、未来の自分を思い描いてみるというテーマで新入社員に展望を書いてもらうとともに、私も10年後の未来への思いを披露しました。実際にそれから10年の歳月が流れ、私はふと、当時の自分が何を書いたのか、見返してみました。

そこには、「10年後は、高収益を出せる会社になっていて、従業員数は70名超。地域社会において確固たる地位を築いている。経営を引き継いでくれる人がいるか、引き継ぎを進めている。または、引き取ってくれる企業を探している」そう書かれていました。

実際の未来はどうなっているかというと、高収益を出すことができています。地域社会での確固たる地位というのは周りが判断することですが、上場企業となり、社会の公器としてより収益を上げねばならぬ立場にはなれました。従業員70名を超えるというのは、３年前に達成しています。

その一方で、会社を引き継いでくれる人に引き継ぎを進めているという点については大きな進展がないままです。M＆Aで会社を譲渡するという選択は、最後の最後に執る手段かもしれません。苦しかった時代に私が思い描いた理想の未来との違いは、事業承継に関わる部分だけでした。

事業承継の難しさは誰よりもよく分かっているつもりです。きっと私の残りの経営者人生をかけた最後の仕事になる、そんな予感を抱きながら、私は遅ればせながら後継者の育成という課題と向き合う覚悟を決めました。

あれから10年——改めて社員に示した、私のこれからの人生設計を示します。

まさに「事業承継」です。

未来の自分を描いてみる２０２３　　作成２０２２年12月25日

氏名　佐藤明郎　生年月日　1964.11.07　　年齢　58才

１年後の自分　59才

２０２３年度も大変厳しい年だった。何とか黒字を死守。柱大組ロボットリプレイス工事を行う。

設備投資資金捻出に苦心。社員の雇用条件維持に腐心。世の中は未体験ゾーンへ突入。

緊迫感は続く。

営業先のウェイトを変える。効果が出るのは、２０２４年度からと見込む。

理想と現実の狭間の中で、葛藤が続く。止めたいが、まだ朝から大きな声を出し続けてしまっている。

緩やかな業務提携を模索している。株の分割、ＨＤの設立を行う。

３年後の自分　　61才
還暦を超えてしまった。事業承継の難しさをこれでもかというほど思い知らされている。心が折れそうだ。
３年前から取り組んでいた新規事業が順調に推移している。土地を購入、新工場の建設工事が完成、稼働している。
まだまだ率先垂範、先頭に立って行動しないと会社が回らない。

管理職は、与えられた責任と、自分の行動、言動の重み、コンプライアンスの重要性を認識し、社長に的確な報連相ができるようになっている。希望。

5年後の自分　　　63才

事業承継を託す者たちは、ここまでの5年間で経営的センスを修練し、経営的な意識を持った管理職として、全社的に俯瞰した目を持ち、日常業務を回せるようになっている。日常の中の不測の事態処理、すぐに的確に対処できているか？　まだ難しいだろう。あと5年か10年か？　朝から大きな声を張り上げる回数はずいぶんと減ってきた。社員の幸せのために、会社の存続のために更なる基盤作り、社会的地位の向上に励む。計画、営業、全部署の管理、そうした実務から少しは開放されている。肉体的にも精神的にも。希望。

10年後の自分　　　68才

今の20代が30代から40才近くになっている。彼らが会社の中心として、漸く社員自ら自分の頭で考え、行動できる企業に育っている。上越地域に於いて成熟した、しかし相変わらず、アグレッシブな若々しい企業として認知されている。経営権は確保しながら、私の右腕となる事業承継候補者が経営的実務を熟《こな》している。

重要な事項の決断、決定はまだ無理。分散している事業場の集約、統合を進めている。

東証スタンダード市場に上場しているか？　真に「社会の公器」に。

15年後の自分　73才

経営は既に私一人の自己責任、自己決断、自己完結という図式ではなくなっている。

会社は実質的に取締役により運営され、私は、取締役会で審議されたことの是非を最終判断するくらいになっている。

経営、経営者像に私を理想に掲げても無理。私は稀有な人間。まねできない。覚悟を持ち、腹を括れる人間が各部署1人ずついればいい。最低限、「言い訳しない」、「自分はサラリーマンですから」と言わない人間が育っていて欲しい。

いるだろうか？　無理だろうな。まだ事業欲はあるだろうか？　もう少し夢を見ているかも。

20年後の自分　78才

実務から離れている。仕事のことは分からない。朝一番に来てお湯を入れたり、メールをチェックしたり、エアコンを入れたりはしていない。時間に拘束されることなく出社し、みんなが働く姿を見守っている。

現経営陣にアドバイスを求められたら答える。『社員は大切にしろ』このことだけは語り継いでいく。

まだ事業欲はあるだろうか？　夢を持っても実現させる時間がないことを納得できるだろうか？　無念。次へ託す。

私はまだ筆頭株主ではあるが、保有する株式はわずかである。残りも全て処分する方向で行く。

その先の自分　23年後　81才　男性の平均寿命　80・98才

人生のゴールと定める。もし生きているとすれば、余生を謳歌?している。もし会社に請われても、相談に乗ることも、私が動くこともない。もうみなさんと会うことはない。人生の大半を注ぎ込んだ会社ではあるが、引き際が肝心。

会社とは関わりのない人生を歩むことを決意。良くも悪くも1回きりの人生。会社での57年間を振り返ることはあるだろうか。みなさんは、あっという間に私のことを記憶から消し去っていくだろう。そんなものである。

佐藤明郎の人生劇場の幕が下りる時、私はどう総括するのだろう。もうカーテンコールは響かない。聞こえない。

End

世代間の価値観の違いを乗り越えて

事業承継は、いうまでもなく会社の行く末に関わる重要なイベントです。後継者の選定や育成、そして事業の引き継ぎがうまくいかねば、社員や協力会社にも迷惑が掛かります。

父と私の間の事業承継はまさにその最悪のパターンの一つであり、実際に予期せぬ高額な退職金の支払いが会社の経営を圧迫し、さらには同名の会社の出現によって取引先が混乱しました。裁判に発展したことで会社のブランドイメージも傷つきました。

私の場合には、幼少時からの父との関係性や、人生の選択を誤ったのではないかという後悔が、事業承継の際にも大きく影響しましたが、仮にそれらがなくともやはりスムーズな引き継ぎは難しかったかもしれません。私と父との間に立ちはだかった大きな壁はそれぞれの世代間の価値観の相違でした。世代が近いケースを除き多くの事業承継では、世代ごとで異なる価値観のぶつかり合いが生まれ、それがトラブルに発展する可能性が高いと感じます。

そんな世代の壁を越えていくには、とにかくコミュニケーションをとるしかありません。自分がなぜ相手を受け入れられないのか、逆に相手はどうして自分について理解できないのかを考え続け、原因となっているギャップを特定し、解消に向けてともに努力する必要があります。ただ、これから先の時代を生きていくのは後継者であるわけですから、上の世代はその価値観をむやみに否定せず、古き時代の常識にとらわれることなく相手を理解しようと努めるほうが、会社が生き残る確率が高まり、結果としてより良い事業承継になると思います。

早めに動き出し、当人同士で話し合う

事業承継は本来、５年から10年をかけて取り組むべきプロジェクトといわれます。私は父に任せておくと会社がだめになるという危機感をもったことから、できる限り迅速に事業を引き継ぎたかったのですが、思えば取締役に昇格したあたりで会社の行く末や父の引き際について話し合っておくべきだったかもしれません。

家族間承継であるなら、後継者候補はかなり早い段階から目星がついていることが多いもので、その猶予を活かし互いにこつこつと話し合っていくというのが大切ではないかと思います。経営者自身が家族間での承継を望んでいても、肝心の候補者にその意思がない

という可能性もありますから、意思の確認は特にしっかりと行うべきです。

社員に会社を任せる場合にも、やはりできる限り早く候補者をしぼり、相互理解を進めておく必要があります。厳しい経営環境に置かれなんとか生き残りを図っている経営者にとっては、目の前のことをこなすので精いっぱいで、とても事業承継にまで思いをはせる余裕がないかもしれません。私もまさにそのパターンで、気づけば還暦の足音が聞こえてきているのに、いまだに後継者の目途が立っていません。

日本政策金融公庫が発表した「中小企業の事業承継に関するインターネット調査（2023年調査）」によると、中小企業で後継者が決定している企業は10・5％であるのに対し、廃業を予定している企業は57・4％もあるといいます。日本経済を支えている中小企業の半数以上が廃業を予定しているというのは大変な事態です。

後を継ぐ者が見つからぬままもし経営者の身に何かあれば、廃業に至る可能性は十分にあります。そうならぬためにも、事業承継の準備は経営における重要課題の一つと位置付け、早めに着手すべきです。

社員のため、社会のための事業承継

また、後継者候補が現れたからといって安心はできません。むしろそこが事業承継のスタート地点です。

すでに後継者が決まっている企業を対象に「事業承継の際に問題になりそうなこと」を調査したところ、「後継者の経営能力」が28・０％、「相続税・贈与税の問題」が22・９％、「後継者による株式・事業用資産の買い取り」が22・５％、「取引先との関係の維持」が18・５％と、その内容は多岐にわたっています。

後継者の経営能力に関しては、特に家族間承継で問題になることが多いと思います。経営の才覚を感じないのに血のつながりを重視して後継者に据えようとするのは、やめたほうがいいと私は思います。なぜなら会社は社長一族のためにあるわけではなく、社員のため社会のために存在しているからです。自分たちがよければそれでいいという発想を捨てて、血のつながりにこだわらず能力やポテンシャルを秘めた後継者を選ぶ必要があります。

相続や贈与、株式や資産の買い取りについては、私も苦労した部分です。特に創業者から会社を引き継ぐなら、相手はオーナーとして株式のほとんどを所有していると思います。代表権を確固たるものにするにはそれを買い取る必要があります。そのほかにも、慰労退職金の支払いなど、オーナー社長が身を引く際に多額の資金が必要になるケースがよくあります。

それらをいきなり用意しようとすると経営に影響が出る恐れがあります。会社の金融資産が不足すれば後継者は自社株を買い取れず、事業を引き継げないという事態になりかねません。株式の取得資金や退職金は、あらかじめ相談のうえでこつこつと貯めておくのがベストです。

取引先との関係の維持も確かに共通する課題です。特に先代の経営者が事業に及ぼす影響力が大きかった場合などには、そのカリスマ性を引き継ぐのは難しく、一部の取引先が離れていく事態も十分に想定されます。

会社にとって重要なパートナーとの関係が希薄になるのは当然ながら避けるべきで、できる限り絆を保つ努力をすべきでしょう。しかし代替わりを機に取引先を見直し、これまでなかった新たなつながりを作っていくこともできるはずですから、先代からの付き合いという枠のなかにとどまらず、積極的に新規開拓を行ってほしいと思います。

後継者にも、会社とともに人生を歩む覚悟が必要

現在の私の立場から話をすると、会社の後継者に求める条件がいくつかあります。中小企業の経営者になるのに最も重要な資質、それは覚悟です。

会社のトップに立つというのは、あらゆる責任を自分で負うことにほかなりません。経営者の両肩には、社員たちとその家族、協力会社、顧客や取引先など、たくさんの人の人生が乗っています。その重圧に耐えながら、会社の命運を左右するような重要な決断をしていかねばなりません。

会社が倒産すれば路頭に迷う人が出るわけですから、なんとしてでも避ける必要があります。中小企業であれば、会社が苦境に陥った際には、時に自らの資産で赤字を補った

り、個人的に借金をして資金繰りに充てたりしながら経営を続けていくことになるかもしれず、会社のために今日まで築いてきた、自分の人生すべてをなげうたねばならないような場面が出てくるかもしれません。

自らが絶望のなかにあろうが、希望を失っていようが、歩みを止めるわけにはいきません。そうして人生をかける覚悟、何があってもやり抜く覚悟がなければ、いくたびも襲い掛かる苦境を耐え忍べず、不景気の荒波にのまれたまま浮かび上がれなくなります。

思い返せば私が腹をくくったのは、両親が会社を去ったあと、債務超過に陥って、そこからこの道で生きていくんだと自分自身が納得できたときだったと思います。失ったお金は頑張ればなんとかなるだろう、しかし一度は離れていった人の心は決して戻ることはありません。

社員を幸せにできずに私が幸せになれるはずがない、私は社員のおかげで、幸せのおすそ分けを頂いて生かしてもらっている、社員を大切にしよう、社員は守らなくてはならない……そう思えた私は、そこでようやく経営者になれたのだといえます。

後継者に対しても、最初から会社に人生のすべてを捧げよとまでは言いませんが、少なくとも何があっても会社を守り抜くという覚悟はもっておいてほしいところです。

経営能力よりも大切なトップとしての思い

経営能力については経営者にならない限り身につかないものも多くあります。特に不測の事態への対応などは、経営の経験値がなければ難しいと思います。私は後継者にいきなり成果を求めることはしません。ただ実務能力という点でいうなら、自社のあらゆる部署を回り、それぞれの実態をつかんでおく経験は必要かもしれません。

それよりも大切なのは理念の承継です。後継者が会社を引き継いでから、時代に合わせて経営方針を変えるのはある意味で当然のことです。しかしその際、理念まで投げ捨ててしまうなら、それはもはや別の会社に変わるのに等しい行為です。看板とともに理念を受け継ぐのは後継者の使命ではないかと思います。自社は何のため誰のために存在し、事業によって何を目指すのかという理念は本来、いつの時代も不変とすべきものであり、それに対する深い共感は後継者となるための条件といえます。最後はリーダーシップです。

トップとして組織を引っ張るにはそれなりの力強さが求められます。例えばこれまで経験したことのないような分野にチャレンジする際などは、社内や周囲から反対意見が上がるのが常ですが、それに従ってしまえば新たな可能性は拓けません。時に周囲の反対をものともせずに自分が信じる道へと突き進み、新天地へと組織を導いていくリーダーシップが求められます。

こうして条件を挙げてみましたが、過去の私がこれらすべてを兼ね備えていたわけではありません。自らの人生そのものといっていい会社をほかの人に任せると考えると、どうしても自分の分身を探してしまいがちですが、時間をかけて社員を育ててきたならともかく、いきなりそんな人材がいるはずもなく、だからこそ後継者選びは難しいものです。

事業承継の候補者には、一番に、社員を大切にすること、かわいがることを求めます。そして、会社に対する熱い思いと、つらく険しい経営の道を歩き通すという覚悟をもつこと……これで十分です。あとは実際に社長の椅子に座ってから、走りながら身につけていけばいいのかもしれません。そのためのサポートは私も惜しまないつもりです。

会社を継いだ先にこそ、無限の夢がある

これまでの私は、後悔ばかりの人生だったという言葉をよく用いてきました。それが偽らざる気持ちであったのですが、ここのところ自然にその言葉が減り、代わりに反省ばかりの人生だったと言うようになったと感じます。

私が社会に出てから両親と決別するまでの22年は確かに後悔の連続でした。すべてはあの始まりの決断、すなわち母からの電話に応じて地元に戻ってきたことに端を発していると思い込み、その後悔からなかなか逃れられませんでした。しかしそれでは人生があまりに寂し過ぎるものになる、悔いてばかりいても何も生まれないのだとようやく分かりました。

生きていればつらいことや苦しいことは必ずあります。しかしそれらは結局、すべて自らの選択の結果として自分のもとへとやって来たものです。困難を前に過去の選択を悔いてばかりいても人は成長できません。

そうではなく、つらく苦しいときこそ自らを省みて、人生を問い直し、次なる新たな選択に活かそうという姿勢で生きていくほうが、きっと豊かな一生を送れます。

明日がどうなるかなど誰にも分かりません。しかし命がある限り、明日は必ずやって来ます。どうせ分からないなら、つらいとか、苦しいとか想像するよりも、今日よりもきっと良い日になる、楽しいことがあると考えながら過ごしたほうが、幸せでいられるのだと感じます。

今は私は会社に行くのが楽しくて仕方がありません。一日の終わりには、明日また仕事が始まると思うとわくわくします。


私の中には少年のような心があると感じます。その少年は、

「いつだって、夢があるほうが楽しいよ。この先にもきっと、わくわくすることがあるよ。だからもっともっと、前に進もう」

そう私に言ってくれます。

会社は継いで終わりではありません。むしろそこから先に無限の夢が広がっています。

そしてそれを叶えるには過去のあらゆる経験を力に変えねばなりません。苦境に陥り、絶望のなかであえぎ、それでも歩を前に進めて試練を乗り越えたからこそ、次なる試練にも打ち勝てると信じることができます。

両親とのいさかい、そして苦しみ抜いた事業承継も、すべてが現在の私を形作るために必要な経験であったと今では心からそう思います。

この世に生を授けてくれ、私を鍛えてくれた両親を、感謝こそすれ、恨むようなことはあってはいけない……両親に退職を迫ったあの日、まだ若かった私は物事がよく見えていませんでした。

あれから十数年、あのときの両親の気持ちはどのようなものであったのか――当時の父親の年齢に近づきつつある今、改めて経営者という業の深さを考える日々です。

エピローグ　～新たな物語の幕開けは、鐘の音とともに～

地下鉄を降りて地上へと続く階段を上り切ると、秋の柔らかな光が降り注いで私の顔をなでました。

ビルの谷間を進むと、すぐ正面に東京証券取引所の重厚な外壁が見えてきました。壁沿いを進み、建物の入り口に立てば、大きく書かれた「ＪＰＸ」の3文字と、赤銅色に輝くロゴが目に飛び込んできます。

ドアを開けて中に入ると、そこはひんやりと冷たく清浄な空気で満ちていました。担当者がこちらへと歩み寄ってくると、私の中で少しずつ緊張感が高まっていきました。エスカレーターに乗り会場に入れば、そこにはいつもテレビで見ている円形の電光掲示板があり、文字が流れていました。ただ一つ違うのは、普段ならさまざまな銘柄と数字がくるくると回っているはずが、同じ文字列だけが何度も周回していることです。

祝　上場　株式会社サトウ産業

それを見て私はようやく実感しました。

夢じゃない。本当に私の会社は上場企業となるんだ……。

しばらくして上場セレモニーが始まりました。コロナ禍ということで参加人数は５人までという制限がつき、社員からは苦楽をともにした３人の仲間が参加していました。

最後の１人は、苦しい時代に助けてもらった地元の信用金庫の担当者に来てもらいました。

「あなたがいなければ、私はこの場に立てませんでした」

そう伝え手を握ると、彼はただ微笑みました。私は深く頭を下げました。東京証券取引所の専務から上場通知書が私へと手渡され、写真撮影が済んだあとには、恒例行事が待っていました。

私は、会社の名が刻印された木槌を握り締め、顔の高さに吊り下げられた鐘の横に立ちました。やや緊張しながら、私は木槌を振り上げ、鐘を強く叩きました。鐘は重く、叩いても揺れませんでしたが、晴れやかに澄んだ私の心に、静かに、長く響きわたりました。

かぁん、かぁん、かぁん……。

澄んだ音色が響き渡ったその瞬間、目くるめく過去の記憶が頭の中で弾け、私は大学生に戻っていました。大学近くの喫茶店の片隅で頬杖をつきながら聞いた、夕刻を告げる鐘の音。今思えば、本当はそんな鐘の音は鳴っていなかったのではないか——しかし、あのとき確かに聞いた鐘の音はこの音だったのかもしれない。その音に背中を押されるように席を立ったのは、この日を迎えるためだったのか。

そこからは記憶が奔流となって一気に私の頭を駆け巡りました。電話口で聞いた母の声、父の運転手を務めたセダンの乗り心地の悪さ、社員の前で怒鳴りあった日々と母の冷めた目、施工のミスで施主に土下座をした屈辱、病院で処方された精神安定剤のパッケージ、悲しそうな長男の顔、退任を迫ったときの父の表情、会社を去る両親の姿、債務超過の会社を冷たくあしらう金融機関の担当者、去っていった社員たちの顔、T社の二人と昼から高田馬場でビール片手に語り合った日、そして大型案件の仕事をやり抜いたときの社員たちの誇りに満ちた表情――。

ふと気づけば、すでに祝福の鐘の音は消え、余韻となって耳に残るばかりでした。木槌を握る右手が、じんとしびれていました。鐘は重く、ピクリとも動きませんでした。しかし私には、その重さこそが社会の公器になった上場企業の責任の重さなのだと思えました。

ここからが、新たな物語の始まりなのだ。

壇上で少しの間、鐘を見つめてから、私は胸を張り、力強く足を踏み出しました。

おわりに

私が社会人になって、今年で35年が経ちました。

その間に、バブル崩壊、リーマンショック、そしてコロナ禍と、３度の不況を経験しました。景気の波というのは、ほぼ10年周期でやって来るものなのでしょう。

現在、会社の経営は緊迫していますが、それでも私の心は以前のように絶望にとらわれるようなことはなく、ただ経営者としての日々を精いっぱい、生きています。


本書を記すにあたり、事業承継について振り返るたびに、私の頭の中で繰り返し流れる曲がありました。１９７５年に発表された中島みゆきさんの名曲、『時代』です。

この曲の冒頭から、まるで当時の私の心情を言い当てたようなフレーズが出てきます。

今はこんなに悲しくて
涙も枯れ果てて

もう二度と笑顔にはなれそうもないけど

両親とのいさかいに疲れ果て、希望を失いそうになっていたあの頃は、人生には幸せよりもつらく厳しいことのほうがはるかに多く、耐え忍んで生きていくしかないのだと、信じて疑いませんでした。

しかし今は違います。

そんな時代もあったねと
いつか話せる日が来るわ
あんな時代もあったねと
きっと笑って話せるわ

私をあれだけ苦しめた事業承継は、ようやく「そんな時代もあったね」と言えるほど過去の記憶になりつつあります。

今は両親に対して、怒りや恨みはまったくありません。

結局のところ、苦しみのなかにあっても希望さえ失わなければ、人間はいつか必ずその試練を乗り越えることができます。

そして希望に手が届いたとき、暗黒の過去も思い出に変わり、「そんな時代もあったね」と、笑って言えるようになるのでしょう。

だからどんなときも、未来への希望をもち、夢を語り、ひたすらその実現に向かって進んでいくこと――それがたった一度の人生を満足して終えるための、心のもち方なのではないかと私は思います。

コロナ禍が残した傷はいまだ深く、予断を許さない状況が続いています。

私と同様に、厳しい闘いを強いられている中小企業の経営者はたくさんいると思います。

しかし、明けない夜はないはずです。

たとえこの先、夜明け前の最も暗い時間帯が訪れたとしても、その闇に心まで染められることなく、未来を見つめることです。私もまた新しいチャレンジをしたいと思います。

私はいまだ、夢に向かって走り続けています。すでに人生の折り返し地点を過ぎ、私に残された時間はそう多くありません。もっともっとスピードを上げなければ、経営者としてやりたいことが実現できないのではないか。そんな焦りが出てきた一方で、年を追うごとに身体がきつくなり、もうそんなに頑張らなくてもいいんじゃないかという悪魔のささやきも聴こえるようになりました。そんな甘い誘惑にいつまで抗《あらが》えるのか分かりませんが、少なくとも今、確かに私の中にある少年の心は未来への希望に満ちています。

新たな事業承継は、もう少しだけ先になりそうです。

佐藤明郎（さとう・あきお）

1964年新潟県出身。工場勤務で気性の激しい父におびえ、やがて対立しながらも勉学に励み、自分の手で国を変えたいという志をもつようになる。早稲田大学教育学部卒業後、積水化学に入社が決まるも父親が病を患い、母親に呼び戻されて新潟へ帰る。父の会社で働くが親子間の不和により心身のバランスを崩して挫折、辞職を決意。2000年、妻とともに不動産会社「ヴィーダ」を創業。しかし、その後もことあるごとに両親と対立し、受難は続いた。2007年にサトウ産業の代表取締役社長に就任。2011年、代表取締役会長である父が退職。残された負債は7億円に上った。家族と残った社員を守るため奮起して会社を再建し、国土交通大臣より鋼構造物製作工場Hグレードの認定を受け、2020年に経済産業省より地域未来牽引企業に選定される。2021年、東京証券取引所東京プロマーケット上場を果たす。

本書についての
ご意見・ご感想はコチラ

社長交代
事業承継の光と闇

2023年8月24日　第1刷発行

著　者　　佐藤明郎
発行人　　久保田貴幸

発行元　　株式会社 幻冬舎メディアコンサルティング
〒151-0051　東京都渋谷区千駄ヶ谷4-9-7
電話　03-5411-6440（編集）

発売元　　株式会社 幻冬舎
〒151-0051　東京都渋谷区千駄ヶ谷4-9-7
電話　03-5411-6222（営業）

印刷・製本　中央精版印刷株式会社
装　丁　　秋庭祐貴

検印廃止

Printed in Japan
ISBN 978-4-344-94693-4 C0034
幻冬舎メディアコンサルティングＨＰ
https://www.gentosha-mc.com/